中学校英語

「知識&技能」の教え方 ガイド&ワーク

JN032686

瀧沢広人 著

2年

明治図書

はじめに

2023年夏，オーストラリアに出かけ，食事の際，次のように尋ねられた。Would you like something to drink? とっさに，Just water, please. と返答。すると，Tap water? と聞かれた。オーストラリアは日本と同じで水道水は飲めるということは知っていたので，Yes, please. と答えた。このとき，久しぶりに，tap water という英語を聞いた。たまたま，tap water という語彙知識があったので，スムーズに理解することができた。しかし，もし tap という英語の意味がわからなかったらどうなっていただろうか。おそらく，数回のやり取りの後，最終的には理解できたと思うが，語彙を知らないと，コミュニケーションに影響が出る。

また台湾に行ったときのこと。台湾の町は，看板も漢字で書いてあるので，比較的，どこに何があるのかわかり，便利である。地下鉄に乗っても，駅名が漢字で書かれているので，不自由なく，目的地にたどり着くことができた。

一方，韓国はハングル語が読めないと何と書いてあるのかわからず，苦労した経験がある。

さて，その台湾でのことである。お腹がすいたので，レストランを探していた。すると，「大飯店」という看板を見た。その大飯店を目指して歩いて行った。しかし，レストランが見つからない。近くの人に，Do you have a restaurant near here? と尋ねたが，見つけられず，途方に暮れたことがあった。少しして，「大飯店」とは，「ホテル」という意味であることを知った。

また，台湾で理解できなかった語に「月台」があった。駅に行くと見かける。矢印で「月台」と書いてあると，「こっちに行くと『月台』方面に行くのだなあ」と思ってしまい，路線図を見ても，「月台」という終着駅は見当たらず，どのホームに行っていいのか迷った。しかし，後々，「月台」は，駅の「プラットフォーム」という意味であることがわかった。つまり，こちらに行けば，「1番ホームに行けるよ」と示していたのである。

　ここで思い起こすことは，「知識及び技能」があれば，コミュニケーションは円滑に行われるが，「知識及び技能」がなければ，コミュニケーションに支障が生じるということである。

　やはり，「知識及び技能」は大事であることが再認識される。「思考力，判断力，表現力等」を育てることはもちろん大事ではあるが，その土台となる「知識及び技能」をしっかり身に付けておかなくてはいけないと感じた。

　本シリーズは，学年別の3冊構成である。本来は1冊で収めたいところではあるが，文法事項も含めると量が多くなることから，3冊組となっている。

　学習指導要領には，指導すべき「知識及び技能」が書かれている。

　ア　音声
　イ　符号
　ウ　語，連語及び慣用表現
　エ　文，文構造及び文法事項

『中学校学習指導要領（平成29年告示）』p.146

　これらの「知識及び技能」を，3学年を通して指導する。学年の指定はない。教師に任されていると言ってよい。よって，本シリーズ学年別の3巻も，決して当該学年で指導しなくてはいけないということではない。

　1年編で書かれている事項も，指導していなければ，2年生で指導したり，3年生で指導したりすることが考えられる。逆に，本書2年編の内容を1年生のうちに指導することも可能である。

　どうか3巻を眺めていただき，先生方の指導事項の系統図を完成していただき，生徒に確かな「知識及び技能」をつけていってもらえたら幸いである。

　なお，Chapter2以降の「評価基準」の「十分に」とは約8割以上，「概ね」とは約6割〜8割の習得状況を指す。

2024年2月

瀧沢広人

目次

Chapter 3

「語彙」の
教え方ガイド＆ワーク

Chapter 4

「文法」の
教え方ガイド＆ワーク

付録

「単語の活用形」
ワーク

Chapter 1

中学2年「知識＆技能」の教え方ガイド

1 | 生徒間の学力差，どうすればいいの？

　２年生ともなると，ややもすると，生徒間で英語への興味・関心，学力の差が開いていることもあるだろう。しかし，授業の基本はやはり，「楽しく」「わかりやすく」である。楽しくわかりやすい授業を心がけ，あきらめず，継続指導していくことが大切である。

　そのためには，あまり過去を振り向かないことである。

　生徒の理解が十分でない語彙や文法を，例えば１年生にまで戻って復習し直すことは，日常の授業では不可能である。復習し，躓きがあれば，その指導で時間が費やされる。本時の学習が疎かになる。まして，指導しなければ，できない子はできないままである。

　そうではなく，今現在の授業内容で勝負するのである。

　今現在の授業内容の中には，工夫次第で，過去の学習内容も含むことができる。

　未来形を学習したら，現在形や過去形と比較させ，時制の理解を深めることもできる。未来形の指導とともに，現在形の概念や過去形の概念も復習してしまうのである。

　There is/are 構文を学習したら，前置詞が復習できる。

　受け身を習ったら，主語によって変わる be 動詞の理解を深める。

　今現在の学習内容を指導しつつ，過去の学習内容を習熟させるのである。

> **POINT**
>
> 過去を振り返らず，今現在の学習内容を理解させる。

2 | 教科は，どんな特性があるの？

　英語はとかく，「できた」とか，「わかった」とかいう実感が持てない教科である。なんとなく授業が終わってしまい，何を身に付けたのかよくわからないことがあるのではないかと思う。

　確実に成長はしているのに，自分が成長していることに気付きにくい。

　体育や音楽，美術に技術・家庭などの技能教科は，運動技能がうまくなったり，リコーダーを吹くのが上手になったり，工具を安全に取り扱って作品を作ったり，自分の成長を実感することができ，「できた」感がある。さらに，美術や技術・家庭などでは，作品が残るので，「やった」感も残る。

　数学や理科，社会などの知識教科では，正解のある問題に答えることで，「できた」感が生まれる。正解があるので，「できた」か「できなかった」かが，生徒でも判断しやすい。

　一方，国語は「わかった」とか「できた」と感じることがなかなかできない教科であると考える。「主人公の気持ちの変化を読み取ろう」と思っても，本当に読み取れているのか判断しづらい。解答に曖昧さがあり，1 つの決まった正解がないからだろう。

　生徒の「できた」とか「わかった」という思いは，次の学習意欲につながる。英語の授業において，そのように感じさせる場面を意図的に設定し，教科の弱みを補うのも，英語授業マネージメントであると考える。

POINT

教科の特性（強み）を生かし，特性（弱み）を補う。

3 「できた」感を持たせるためには，どうしたらいいの？

　生徒に，「わかった」「できた」と思わせることは，生徒の次の学習意欲に影響を与える。

　では，どのようにしたらよいだろうか。

　1つ目は，「褒める」である。生徒は自分で成長が見えていないので，第三者がそれを見つけ，褒めてあげるのである。

　2つ目は，「過去の自分と比較させる」である。今の時代，1人1台端末があり，自分の声を録音したり，映像で写したりし，練習の前後を比較することができる。この点は，体育の授業がとても参考になる。過去の自分と比較させた上で，成長していることをメタ認知的に実感させる。

　3つ目は，「テストをする」である。授業の最初に単語や文法の小テストを行い，そこで，正解が得られると，生徒は，できていることが実感できる。

　4つ目は，「記録させる」である。小テストもやりっぱなしではなく，点数を記録させていくことで，連続的に，自分の学習の成果を見える化させる。

　5つ目は，「授業の最後は，合格問題で終える」である。授業の最後に，「これができれば合格！」という本時の学習目標が達成できているかどうかの問題を出し，「できる」「わかる」という実感を持たせる。もちろん，ほとんどの生徒ができるような状態にしてから，合格問題を出す。理解が不十分な生徒がいた場合はその場で指導し，再チャレンジさせ，「できた！」で終える。

POINT

　合格問題で，「できた」「わかった」と感じさせる！

4 | 「知識及び技能」は, どんな力を育てればいいの？

「知識及び技能」の目標に, 次の文がある（下線は筆者）。

> (1)　外国語の音声や語彙, 表現, 文法, 言語の働きなどを理解するとともに, これらの知識を, 聞くこと, 読むこと, 話すこと, 書くことによる<u>実際のコミュニケーションにおいて活用できる技能を身に付ける</u>ようにする。
>
> 『中学校学習指導要領（平成29年告示）』p.144

　下線を引いた部分が,「知識及び技能」の重要な視点である。単に「知識」の習得だけでなく, その「知識」が, 実際のコミュニケーションの場面で活用していける「技能」となっているかどうかが大事なのである。知っているだけではダメで, それが使えるものとなっていなくてはいけないのである。

　例えば, いくら未来形の"練習"を積んだとしても, 次のような場面において, 未来形が適切に用いられない場合, コミュニケーションにおいて正しく表現する「技能」が身に付いていないということになる。

　　A：Do you have any plans for tomorrow?

　　B：Well, I go shopping.　→　I <u>will</u> go shopping.

ここまでを含み,「知識及び技能」を習得できたと評価する。

（POINT）

　練習の過程で, 活用していける技能となるよう指導する。

5 | 「知識及び技能」の評価問題は，どう作ればいいの？

　目標である「知識及び技能」は，知っているだけでなく，活用していける「技能」となっていることが大事である。

　そこで，「知識及び技能」を評価する問題をどのように作るかである。

　結論から述べると評価問題においては，文脈を意識する。

　実際のコミュニケーションの場面において，活用できる「技能」となっているかどうかを試すからである。

　その場面において，正確に文法を活用する「技能」が身に付いているかどうかを測る。

　例えば，次のようにする。

　問題　〔　　　　〕内の語や語句を必要に応じて形を変え，対話を完成させましょう。

　A：Where were you last Sunday?

　B：I was at home.

　A：＿＿＿＿＿＿＿＿＿＿＿＿＿＿＿＿＿＿？〔you / do〕

　B：I ＿＿＿＿＿＿＿＿＿＿＿＿＿＿ all day.〔play video games〕

　この評価問題では，文脈のある中で過去進行形の形（be 動詞＋動詞 ing 形）が，疑問文や肯定文で正確に用いることができるかどうかを評価することとなる。

POINT

　評価問題では，文脈を伴わせることを基本とする。

6 「文法」は，どう指導したらいいの？

「知識及び技能」の文法指導は，次のような流れで行う。

①コミュニケーションの中で，目標文を導入する（5分）

まず，「実際のコミュニケーションにおいて活用できる技能」ということから，文法の導入も，コミュニケーションを意識する。場面・状況の中で文法を導入するのである。つまり，目標文が，どのような場面や状況で使われるのかを考えて，導入することが大切である。

②目標文の簡単な解説を行う（5分）

次に，導入した目標文の簡単な解説を行う。簡単な理解を促すようにする。その後のアクティビティで，意味のわからないという状態で，生徒に活動させるのではなく，意味を理解した上で活動させたい。また，必要に応じて目標文を使って言わせる「練習」を行う。

③言語活動を行う（15～20分）

そして，目標文を用いて，自分の考えや気持ちを伝え合うなどの活動を行う。ここで，言語使用の正確さや適切さを身に付けさせることを指導目標とし，丁寧な指導を心がける。時に，考えさせる言語活動も必要である。

④文法整理と評価を行う（10～15分）

最後に，文法を整理する。ここで，「わかる」授業をする。難しいことを，できるだけ簡単にして，生徒に教える。そして，きちんと文法が「理解」できているのかを確認する。最後は合格問題で「知識・技能」を確認したい。

POINT

「言語活動」と「学習」を行き来し，「知識及び技能」の定着へと導く。

7 「語彙」は，何を指導したらいいの？

　１年生では，文字の音の習得を目指し行った（１年編を参照）。また，２つの文字で１つの音を表す「２文字綴り」の綴りと音の関係を，音声上で，慣れ親しんでおく。２年生では，その「２文字綴り」の知識を用いて，単語を書く際のヒントとする。主に，次のようなものを，集中的に帯学習で扱う。これらについては，Chapter３で取り扱う。

【２文字綴り（２文字子音）】

綴り	発音	単語例
ch	/tʃ/	beach, teach, peach, reach, each, cheese, chicken, choose
sh	/ʃ/	dish, fish, wash, push, English, shop, shoes, she, shy
th	/ð/	this, that, these, those, they, father, mother, together
	/θ/	think, three, thirsty, thank, theater, birthday, bath
ph	/f/	photo, photographer, elephant, pheasant, pamphlet
gh		enough, tough, rough, laugh, cough

【２文字綴り（２文字母音）】

綴り	発音	単語例
oo	/uː/	food, cool, wool, too, school, noon, afternoon, soon, spoon
	/u/	book, cook, good, look, brook, wood, stood, cookie
ea	/iː/	sea, tea, pea, peach, teach, read, leave, really, mean
ee		see, tree, free, knee, bee, eel, feel, peel, feed, speech
ay	/ei/	May, say, day, play, pay, stay, today, way, away, delay
ai		rain, train, Spain, pain, sail, hail, fail, mail, tail, wait
ou	/au/	out, ouch, shout, count, sound, house, mouse, mountain
ow		now, cow, bow, brown, crown, town, down, owl, towel

【2文字綴り（母音＋子音）】

綴り	発音	単語例
ir		girl, bird, shirt, dirty, birthday, first, third
ur	/ə:r/	turn, turtle, return, Thursday, hamburger, purse, suburb
er/ear		serve, nervous, person, learn, early, pearl, heard
au		autumn, August, audience, because, caution, sauce
aw	/ɔ:/	jaw, paw, yawn, law, draw, lawn, hawk, saw
al		ball, call, small, talk, walk, wall, tall, always, salt
ew	/ju:/ /u:/	new, few, chew, nephew, jewel, cashew nut, stew

　授業においては，2文字子音や2文字母音が出てきたときには，発音指導を行い，綴りを見て音を浮かぶようにさせたり，発音表記を用いて，2文字子音や2文字母音の発音を意識させたりする。1回で習得させるという考え方ではなく，繰り返し行う中で，徐々に綴りと音の関係を生徒が身に付けていくよう，機会があるごとに指導や指導事項の確認を行う。

POINT

少しずつ，綴りと音の関連性について理解させていく。

Chapter 2

「音声」の教え方ガイド＆ワーク

1 | 単語の音の「連結」をする

身に付けさせたい「知識&技能」のポイント

　英語は複数の単語が結び付いて，意味のある英文が作られる。そこで，度々，音が連結する。なぜなら英語には子音で終わる単語があるからである。それが，聞き取りを難しくしている要因でもある。

　そこで，無意識に連結していた音に気付かせ，意識して連結して話したり，読んだりできるよう指導する。

指導の流れと評価例（1分）

ねらい	○教師の指導／支援　●生徒の活動	留意点
連結部分を確認し，発音の仕方を知る。 （1分）	○教科書の音読を通じ，連結を確認する。 T：3行目。I'll take it. ここは，take と it がくっついて，「テイキット」のように，音が連結します。 板書　I'll take it.　⌣キ T：言ってみましょう。 　take it（テイキット） Ss：take it（テイキット）	・教科書の範読の音声を聞かせて，連結に気付かせてもよい。 ・連結部を印象付けるために，教科書に印をつけ，音読の際に，意識させるようにする。

〔評価例〕・1人ずつ順番に教師のところに来させ，連結を確認する。
　　　　　・音読のパフォーマンステストで確認する。

評価

評価規準	語と語を連結して，発音する技能を身に付けている。		
評価基準	十分満足できる（a）	概ね満足できる（b）	努力を要する（c）
	語と語の連結の発音が**自然に**できている。	語と語の連結の発音を**意識して**発音している。	連結されていない。

ワークシート 1

語と語の音の「連結」

Class (　　) Number (　　) Name (　　　　　　)

英語は，単語と単語がくっついて，音がつながること
があります。
今日は，音の「連結」について，発音してみましょう。

音の連結 「子音」と「母音」がくっつく。

例）an apple　→　an apple
　　　　　　　　　　　ナ

　　　子音　母音

Look at this.　　　Rent a car.　　　Stop it.
　　キャ　　　　　　　タ　　　　　　　ピ

☆アメリカ英語では，以下のような変化が起こることがあります。

① 「母音＋ t/d ＋母音」で，ラ行に変わる。

　例）I get up at 6.　　　Good idea!
　　　　ラッ　　　　　　　ラ

　　　Good evening.　　　That's beautiful.
　　　　リ　　　　　　　　　リ

② 「母音＋ nt」は，ナ行に変わる。

　例）Twenty.　　　Internet
　　　　ニイ　　　　　ナ

2 | 単語の音の「脱落」をする

身に付けさせたい「知識＆技能」のポイント

　語と語がくっつくとき，同じ音が続く場合や，語末が破裂音で終わるとき，その音が消える（脱落する）ことがある。これは，教師の後に繰り返す等を通して，生徒は自然と行っていることであるが，改めて意識させ，語と語の音の脱落を指導する。

指導の流れと評価例（2分）

ねらい	○教師の指導／支援　●生徒の活動	留意点
語と語の脱落について確認し，発音の仕方を知る。	○教科書の音読を通じ，音の脱落を確認する。 T：7行目。She's wearing a red dress. というのがありますね。 板書　She's wearing a red dress. 　　　　　　　　　　↗消える T：言ってみましょう。re(d) dress Ss：re(d) dress T：She's wearing a re(d) dress. Ss：She's wearing a re(d) dress.	・どんなときに，前の単語の同じ音が脱落するのかを考えさせてもよい。 ・脱落部を印象付けるために，教科書の音の脱落部を（　）にし，音読の際の意識付けとする。
（2分）	●ワークシートで発音練習をする。	
〔評価例〕・1人ずつ順番に教師のところに来させ，音の脱落を確認する。 　　　　　・音読のパフォーマンステストで，音の脱落を確認する。		

評価

評価規準	音を脱落させて，発音する技能を身に付けている。		
評価基準	十分満足できる（a）	概ね満足できる（b）	努力を要する（c）
	音の脱落が**自然とで**きている。	音の脱落を**意識して**発音している。	音の脱落ができていない。

ワークシート 2

語の音の「脱落」

Class (　　) Number (　　) Name (　　　　　　　　　　)

英語は，単語と単語がくっつくと，前の単語の語末が
聞こえなくなることがあります。
今日は，音の「脱落」について，発音してみましょう。

音の脱落

①語末が，破裂音（p, b, t, d, k, g）のときに，脱落する。

例）Good morning.　　　　　→　Good morning

語末が d

グッ　モーニング

d は心の中で言うつもりで

We had a great time.　　　→　We had a great time.

語末が t

グレイ　タイム

t は心の中で言うつもりで

②語末と語頭が同じ音の場合，前の単語の語末が脱落する。

例）Give me some more.　　　→　Give me some more.

サ　モアー

It's a nice season.　　　　→　It's a nice season.

ナイ　シーズン

③語頭の h が消える。

例）I like him.　　　　　　　→　I like (h)im.

ライキム

3 │ 単語の音の「同化」ができる

身に付けさせたい「知識&技能」のポイント

　語と語がくっつくと，時に音が変わることがある。慣れ親しんでいるのが，Did you ...? であろう。Did の [d] と，you の [j] がつながると，「ジュ [dʒu]」という音に変わる。元々あった音とは違うものに変わることを「同化」と言う。これも自然に身に付けている感があるが，音を再確認したい。

指導の流れと評価例（2分）

ねらい	○教師の指導／支援　●生徒の活動	留意点
語と語の音の同化について確認し，発音の仕方を知る。	○教科書の音読を通じ，音の同化を確認する。 T：2行目に，Did you find the secret of the map? がありますね。最初の Did と you はくっついて，Did you（ディジュ）となりますね。「ディド・ユー」ではありません。くっつきます。 板書 　Did you ...? 　　ジュ	・1年生のときによく使った，Nice to meet you. の meet と you も同様に，ミーチューとなることを思い出させる。
（2分）	●ワークシートで発音練習をする。	
〔評価例〕・1人ずつ順番に教師のところに来させ，音の同化を確認する。 　　　　　・音読のパフォーマンステストで，音の同化を確認する。		

評価

評価規準	音を同化させて，発音する技能を身に付けている。		
評価基準	十分満足できる（a）	概ね満足できる（b）	努力を要する（c）
	音の同化が**自然**とできている。	音の同化を**意識**して発音している。	音の同化ができていない。

ワークシート 3

語の音の「同化」

Class (　　) Number (　　) Name (　　　　　　　　)

> 単語と単語がくっつくと，別の音に変わる場合があります。例えば，Nice to meet you.
> これは，meet（ミートゥ）と，you（ユー）がくっついて，ミーチューと，音が変わります。

音の同化

① t ＋ y で「チ[tʃ]」の音に変わる。

例) I'll let you go.　　　I went there last year.
　　　　 ⌣　　　　　　　　　　 ⌣
　　　チュ　　　　　　　　　 チャー
　　　[tʃ]　　　　　　　　　　[tʃ]

② d ＋ y で「ジュ[dʒ]」の音に変わる。

例) Did you have a good time?　　Could you come?
　　　⌣　　　　　　　　　　　　 ⌣
　　ジュ　　　　　　　　　　　 ジュ
　　[dʒ]　　　　　　　　　　　 [dʒ]

③ s ＋ y で，「ジュ[dʒ]」または「シュ[ʃ]」の音に変わる。

例) As you know, it's mine.　　How was your vacation?
　　 ⌣　　　　　　　　　　　　　　 ⌣
　 ジュ　　　　　　　　　　　　 ジュア
　 [dʒ]　　　　　　　　　　　　 [dʒ]

　　 I'll miss you.
　　　　　 ⌣
　　　　 シュー
　　　　 [ʃ]

4 | 似ている音素を言い分ける

身に付けさせたい「知識＆技能」のポイント

　物事は比較して考えると，その本質がよくわかるときがある。英語の音も，似ている音を並べて提示し，音の聞き分けや言い分けをさせると，音の微妙な違いがわかるものである。ある程度，単語を知っている２年生では，似ている音を「言い分ける」練習をし，音を言い分ける力を養う。

指導の流れと評価例（5分）

ねらい	○教師の指導／支援　●生徒の活動	留意点
似ている音素を正しく言い分けることができる。	○似ている英単語を言い分ける。 T：What's this?（と言って，light を見せる） Ss：light T：Good. How about this?（と言って，right を見せる）　　Ss：right T：２つの単語は似ていますね。light。Ｌの口の形はどうだっけ？　上の歯の後ろに舌をつけるんでしたね。Ｒは？ Ss：舌を喉の奥の方へ持っていく。	・帯活動で仕組み，短時間で，音素の音を確認する時間としたい。
（5分）	●ワークシートで，言い分ける練習を行う。 T：似ている単語を言い分けてみましょう。	

〔評価例〕・１人ずつ教師のところに来させ，単語の言い分けを確認する。
　　　　　・音読のパフォーマンステストで，音素の発音を確認する。

評価

評価規準	似ている音素を正しく言い分けている。		
評価基準	十分満足できる（a）	概ね満足できる（b）	努力を要する（c）
	十分に似ている音を言い分けている。	**概ね**似ている音を言い分けている。	音素の音が発音できていない。

ワークシート 4

似ている発音を言い分けよう

Class (　　　) Number (　　　) Name (　　　　　　　　　)

[l] と [r]

① light － right 　② lead － read 　③ lice － rice
（明るい）（右） 　　（導く）（読む） 　　（シラミ）（米）

④ flight － fright 　⑤ flea － free 　⑥ play － pray
（飛行）（恐怖） 　　（ノミ）（自由） 　　（遊ぶ）（祈る）

[s] と [θ]

① sing － thing 　② sink － think 　③ sick － thick
（歌）（こと） 　　（沈む）（考える） 　　（病気の）（厚い）

④ mouse － mouth 　⑤ boss － both 　⑥ face － faith
（ネズミ）（口） 　　（社長）（両方） 　　（顔）（信念）

[s] と [ʃ]

① sea － she 　② sell － shell 　③ sip － ship
（海）（彼女は） 　　（売る）（貝） 　　（一口飲む）（船）

[b] と [v]

① boat － vote 　② bet － vet 　③ base － vase
（船）（投票する） 　　（賭ける）（獣医） 　　（基礎）（花瓶）

[a] と [u]

① cap － cup 　② hat － hut 　③ bat － but
（帽子）（コップ） 　　（帽子）（小屋） 　　（コウモリ）（しかし）

[ɑːr] と [əːr]

① hard － heard 　② star － stir 　③ heart － hurt
（熱心な）（hear の過去） 　　（星）（かき混ぜる） 　　（心臓）（痛む）

5 | 区切り（意味のまとまり）を意識して音読する

身に付けさせたい「知識＆技能」のポイント

　音読の大事な「知識及び技能」として「意味のまとまりを意識して読む」ことを徹底したい。不自然なところでは区切らないようにする。長い文が出始める頃から行う。

指導の流れと評価例（2分）

ねらい	○教師の指導／支援　●生徒の活動	留意点
意味のまとまりを意識し，音読することができる。 （2分）	○意味のまとまりでスラッシュを引かせる。 T：先生が止めたところで斜めの線（／）を引きながら，繰り返します。 　Taku is a member … そこで斜めの線。 Ss：Taku is a member（と言い，member の後ろに／の線を引く） T：of a soccer team. Ss：of a soccer team.（と言い，team. の後ろに／の線を引く） ●正しく線が引けているかどうか確認する。 T：正しく線が引けているかどうか確認しながら，先生の後に繰り返します。	・英文が長いと，生徒の限られた短期記憶では困難なことも多い。 ①前置詞の前，②長い主語の後ろ，③接続詞の前等で，区切り，音読しやすいようにする。

〔評価例〕・タブレットに発音を録音して提出させる。
　　　　　・音読のパフォーマンステストを行う。

評価

評価規準	意味のまとまりを意識し，音読している。		
評価基準	十分満足できる（a）	概ね満足できる（b）	努力を要する（c）
	十分に適切な場所で区切って音読している。	**概ね**適切に区切って音読している。	意味のまとまりを理解していない。

ワークシート 5

意味のまとまりで区切って，音読しよう

Class (　　) Number (　　) Name (　　　　　　　　　)

> 日本語でもみんなは自然と意味のまとまりで区切って読んだり，話したりしています。英語も同じように，意味のまとまりを大事にします。変なところで区切らないようにしましょうね。

意味のまとまりで区切る，主な場所

1　前置詞の前

　・in や at, on, with などの前置詞の前で区切る。

　　例) You can enjoy Japanese festival / in our town.

2　長い主語の後ろ

　・主語が長いときに，そこで一旦区切る。

　　例) Many people in my country / love soccer.

3　接続詞の前

　・and や but, or, so, when の前で区切る。

　　例) I don't like apples / or grapes.

　　　 I saw you / when I went to the park yesterday.

4　コンマ (,) の後ろ

　・コンマの後ろで，区切る。

　　例) In the morning, / I did my homework.

5　場所や時を表す副詞句の前

　・there などの場所や next time などの時を表す副詞句の前で区切る。

　　例) I'll see you at the station / next time.

6 | 適切な音読ができるように 自分で考えて音読する

身に付けさせたい「知識＆技能」のポイント

　生徒が「つっかえずに音読できる」ようになったら，次は「適切に音読できる」ように指導する。「適切に」というのは，相手を意識して読むということである。つまり，相手に伝えたいときは，ゆっくりはっきりと読んだり，強勢やイントネーションにも注意を向けたりするだろう。

指導の流れと評価例（7分）

ねらい	○教師の指導／支援　●生徒の活動	留意点
適切な音読ができるように自分で考えて音読しようとする。 （7分）	○どのように音読すべきか考えさせる。 T：どんなところに注意して読むといいでしょうか。ゆっくり読むところは波線を，区切って読むところには，斜めの線（／）を。上げて読む場合は，♪を，下げて読む場合は，♩を書きましょう。また，音がつながるところは，⌣の印をつけましょう。 Ss：（教科書に記号を書き込む） ●ペアで音読ポイントを共有する。 T：隣の人と見合ってみましょう。	・どのように読んだらよいか考えさせることで，本文の内容にも目を向けることになる。

〔評価例〕・タブレットに発音を録音して提出させる。
　　　　　・単元末に，音読のパフォーマンステストを行う。

評価

評価規準	適切な音読となるよう，考えて音読している。		
評価基準	十分満足できる（a）	概ね満足できる（b）	努力を要する（c）
	十分な工夫が考えられ，音読できる。	**概ね**工夫が考えられ，音読できる。	適切な音読への工夫が見られない。

ワークシート 6

相手に伝わるように，工夫して読もう

Class（　　）Number（　　）Name（　　　　　　　　　）

> 音読するときも工夫が必要です。どのように読んだら
> よいのかを考え，音読しましょう。その際，目の前の
> 相手に読み聞かせをすることを考えると，どのように
> 読んだらよいかが，見えてくることもあります。

どのような点に注意する？

単語の発音　単語を正確に発音しましょう。

→気をつけたい単語や，部分には，＿＿を引こう。

　例）日本語にない音

　　　（[f]や[v]，[θ]や[ð]，[l]や[r]など）

→特に気をつけたいアクセントには，´ をつけよう。

　例）Índia for exámple, ...

単語の連結　単語は他の単語とくっついて，音が連結したりします。

→音が連結するところは，‿をつけよう。

　例）I was happy when I saw you at the station.

→音が脱落する文字は，（　）をつけよう。

　例）I don'(t) think so.

英文の音読

→特に気をつけたいイントネーションは，↘や↗をつけよう。

　例）Which do you want, ↘tea↗ or coffee?↘

→ゆっくり，はっきり読んだ方がいいところは，＿＿を引こう。

　例）This is *ohagi*, Japanese sweets.

→意味のまとまりで区切る場合，/ を引こう。

　例）People around the world / come and visit Kyoto / every year.

Chapter 3

「語彙」の教え方ガイド＆ワーク

1 〔綴りと音の関係〕
2文字子音①〜 ch [tʃ] /sh [ʃ] 〜

身に付けさせたい「知識＆技能」のポイント

　1年生では，文字の1つ1つの音を確実に捉えさせ，単語を綴る際のヒントとした。2年生では，2つ以上の文字が連なったときの音を理解させる。1学期に，語彙指導として，帯学習で継続的に指導していくとよい。

指導の流れと評価例（7分）

ねらい	○教師の指導／支援　●生徒の活動	留意点
2文字子音（ダイグラフ）の音を理解し，単語を正確に綴る際のヒントとする。	○綴りと音素の関係を確認する。 ・黒板に，bench と書く。 T：What's this?　　　　Ss：bench T：Good. Can you say each sound? （bench の b から順番に指さす） Ss：/b/ /e/ /n/ /tʃ/ T：What is this sound again? （語末の ch を指さす）　　Ss：/tʃ/ T：ch は2つで1つの音なんですね。 ・同様に，dish で sh の音を確認する。	・ワークシートのLet's Check は，次を読み上げる。 ① ostri[ch] ② cheri[sh] ③ [sh]eep ④ [ch]alk ⑤ [ch]ance ⑥ wi[sh] ⑦ [sh]ark ⑧ cockroa[ch]
（7分）	●ワークシートを行う。	

〔評価例〕・Let's Check で，ch や sh の綴りと音の理解を評価する。
　　　　　・2文字子音（ch/sh）が出てきたときに，音を確認する。

評価

評価規準	2文字子音（ch/sh）の綴りと音の関連性を理解している。		
評価基準	十分満足できる（a）	概ね満足できる（b）	努力を要する（c）
	ch や sh の音を**十分**に理解し，単語を正確に綴れている。	**概ね**，ch や sh の音を理解し，単語を正確に綴れている。	ch や sh の音を理解できていない。

ワークシート 1

ch は「チ [tʃ]」，sh は「シュ [ʃ]」

Class（　　）Number（　　）Name（　　　　　　　　）

ch 次の単語を声に出して読んでみよう。

beach	teach	peach	reach	each
浜辺	教える	桃	着く	各々の
cheese	chicken	choose	child	change
チーズ	ニワトリ	選ぶ	子ども	変える

→すべて，ch は，[tʃ]（チ）の音になっているね。

sh 次の単語を声に出して読んでみよう。

dish	fish	wash	push	English
皿	魚	洗う	押す	英語
shop	shoes	she	shy	shape
店	靴	彼女は	恥ずかしい	姿・形

→すべて，sh は，[ʃ]（シㇱ）の音になっているね。

Let's Check 先生が読み上げる単語を聞き，_____に文字を入れよう。

① ostri_____　② cheri_____　③ _____eep　④ _____alk
（ダチョウ）　　（大事にする）　　（羊）　　　（チョーク）

⑤ _____ance　⑥ wi_____　⑦ _____ark　⑧ cockroa_____
（機会）　　　（願う）　　　（サメ）　　　（ゴキブリ）

＊他にも ch や sh が入っている単語を調べてみよう。

[　　　　　　　　　　　　　　　　　　　　　　　　　　　　　]

2 〔綴りと音の関係〕 2文字子音②〜 th [ð] /th [θ] 〜

身に付けさせたい「知識&技能」のポイント

　th の発音は，日本語にない口や舌の扱いをする。音声で指導すると同時に，文字として単語に現れたときに，綴りと音の関連性を繰り返し指導する。th は，2つの音があり，単語の中では語頭，語末，語中とどこでも用いられる。

指導の流れと評価例（7分）

ねらい	○教師の指導／支援　●生徒の活動	留意点
2文字子音（ダイグラフ）の音を理解し，単語を正確に綴る際のヒントとする。 （7分）	○綴りと音素の関係を確認する。 ・黒板に，father と書く。 T：What's this?　　　Ss：father T：Good. Can you say each sound? （father の f から順番に指さす） Ss：/f/ /a:/ /ð/ /ər/ T：What is this sound again? （語中の th を指さす）　Ss：/ð/ T：山は，舌を歯と歯の間に入れます。 ・同様に，think で th の音を確認する。 ●ワークシートを行う。	・ワークシートのLet's Check は，次を読み上げる。 ① the ② there ③ thick ④ third ⑤ teeth ⑥ math ⑦ Thursday ⑧ both

〔評価例〕・Let's Check で，th の綴りと音の理解を評価する。
　　　　　・2文字子音（th）が出てきたときに，音を確認する。

評価

評価規準	2文字子音（th）の綴りと音の関連性を理解している。		
評価基準	十分満足できる（a）	概ね満足できる（b）	努力を要する（c）
	th の音を十分に理解し，単語を正確に綴れている。	概ね，th の音を理解し，単語を正確に綴れている。	th の音を理解できていない。

ワークシート 2

th は，「ズ [ð]」と「ス [θ]」

Class（　　）Number（　　）Name（　　　　　　　）

th 　次の単語を声に出して読んでみよう。

this	that	these	those	they
これ（この）	あれ（あの）	これらは（の）	あれらは（の）	彼らは
father	mother	together	clothes	with
父	母	一緒に	服	～と一緒に

→すべて，th は，[ð]（ズ）の音になっているね。

th 　次の単語を声に出して読んでみよう。

think	three	thirsty	thank	theater
考える・思う	3	のどが渇いた	感謝する	映画館
birthday	bath	month	mouth	tenth
誕生日	お風呂	月	口	10番目の

→すべて，th は，[θ]（ス）の音になっているね。

Let's Check 　先生が読み上げる単語を聞き，_____に文字を入れよう。

① _____e　　　　② _____ere　　　③ _____ick　　　④ _____ird
　（その）　　　　　（そこに）　　　　（厚い）　　　　（3番目の）

⑤ tee_____　　　⑥ ma_____　　　⑦ _____ursday　⑧ bo_____
　（歯）　　　　　　（数学）　　　　　（木曜日）　　　（両方とも）

＊他にも th が入っている単語を調べてみよう。

[　　　　　　　　　　　　　　　　　　　　　　　　　　　　　]

3 〔綴りと音の関係〕 マジック e

身に付けさせたい「知識＆技能」のポイント

　マジック e とは，e の 2 つ前の母音は，長母音（アルファベット読み）になるというルールがある〔例〕fat（太っている）→ fate（運命）。しかし例外もある。come や have，住んでいるという意味の live などである。

指導の流れと評価例（7分）

ねらい	○教師の指導／支援　●生徒の活動	留意点
マジックe について理解し，単語を正確に綴る際のヒントとする。	○綴りと音素の関係を確認する。 ・黒板に，kit と kite を書く。 T：Can you read this?　　Ss：/kit/ T：How about this?　　Ss：/kait/ T：（両方の単語の i に下線を引く） 　e がつくと，どんな音に変わるかな？ Ss：アイ T：そうなんです。今日の勉強は，e の 2 つ前の母音は，アルファベットの読み方と同じになるということです。	・ワークシートのLet's Check は，次を読み上げる。 ① bake ② nine ③ stone ④ rule ⑤ note ⑥ male
（7分）	●ワークシートを行う。	⑦ alive ⑧ bite

〔評価例〕・Let's Check で，音に合う文字を入れられるか確認する。
　　　　　・新出単語で，マジック e が出てきたときに，音を確認する。

評価

評価規準	マジック e のルールを理解し，単語を正確に綴れている。		
評価基準	十分満足できる（a）	概ね満足できる（b）	努力を要する（c）
	マジック e を**十分に**理解し，単語を正確に綴れている。	**概ね**，マジック e を理解し，単語を正確に綴れている。	マジック e について，理解できていない。

ワークシート 3

マジック e

Class （　　） Number （　　） Name （　　　　　　　　）

単語には，「e の 2 つ前の母音は，アルファベット読みになる」というルールがあります。例えば，win（勝つ）に e をつけると，wine（ワイン）になります。

例）w<u>i</u>n　→　w<u>i</u>ne　　p<u>e</u>t　→　P<u>e</u>te
　　イ　　　　アイ　　　　エ　　　　イー

Step 1　次の単語を読み比べ，母音の音が変わったことを確認しよう。

帽子	岬	（魚の）ひれ	元気な	切る	かわいい
c<u>a</u>p　→　c<u>a</u>pe		f<u>i</u>n　→　f<u>i</u>ne		c<u>u</u>t　→　c<u>u</u>te	

Step 2　次の単語を読んで，e の 2 つ前の母音がアルファベットの読み方になっているかどうか確認しよう。

① bike　② like　③ cake　④ make　⑤ take　⑥ lake
⑦ phone　⑧ snake　⑨ place　⑩ ice　⑪ paper　⑫ invite
⑬ space　⑭ nice　⑮ June　⑯ nine　⑰ fine　⑱ late

例外　move, have, some, <u>live</u> 等
※例外あり

Let's Check　先生が読み上げる単語を聞き，_____に文字を入れよう。

① b____ke　② n____ne　③ st____ne　④ r____le
　（パンを焼く）　　（9）　　　　（石）　　　　（規則）

⑤ n____te　⑥ m____le　⑦ al____ve　⑧ b____te
　（メモ）　　　（男性）　　（生きている）　　（かむ）

4 〔綴りと音の関係〕
2文字母音①〜 oo [u:] /oo [u] 〜

身に付けさせたい「知識＆技能」のポイント

　生徒はこれまでに oo を含む単語に触れている（例：food, school, room, book, cook, good 等）。oo の綴りは，/u:/ か /u/ の発音になることに気付かせ，単語を書く際のヒントとする。ただし，door などの例外もある。

指導の流れと評価例（7分）

ねらい	○教師の指導／支援　●生徒の活動	留意点
2文字母音の音を理解し，単語を正確に綴る際のヒントとする。	○綴りと音素の関係を確認する。 ・黒板に，food と書く。 T：What is this sound? （food の語中の oo に下線を引く）　Ss：/u:/ ・続けて，黒板に，book と書く。 T：How about this? （book の語中の oo に下線を引く）　Ss：/u/ T：oo の音は，「ウー」か「ウ」になります。 ・必要に応じ，door の例外を説明する。	・ワークシートのLet's Check は，次を読み上げる。 ① z<u>oo</u> ② t<u>oo</u>th ③ put ④ f<u>oo</u>t ⑤ shoes ⑥ kangar<u>oo</u> ⑦ ch<u>oo</u>se
（7分）	●ワークシートを行う。	⑧ soup

〔評価例〕・Let's Check で，oo の綴りと音の理解を評価する。
　　　　　・2文字母音（oo）が出てきたときに，音を確認する。

評価

評価規準	2文字母音（oo）の綴りと音の関連性を理解している。		
評価基準	十分満足できる（a）	概ね満足できる（b）	努力を要する（c）
	oo の音を**十分**に理解し，単語を正確に綴れている。	**概ね**，oo の音を理解し，単語を正確に綴れている。	oo の音を理解できていない。

ワークシート 4

oo は,「ウー [uː]」と「ウ [u]」

Class (　　) Number (　　) Name (　　　　　　　　　　)

oo 次の単語を声に出して読んでみよう。

food	cool	wool	too	school
食べ物	涼しい	羊毛	～も	学校
noon	afternoon	soon	classroom	spoon
正午	午後	すぐに	教室	スプーン

→すべて,oo は,[uː](ウー)の音になっているね。

oo 次の単語を声に出して読んでみよう。

book	cook	good	look	brook
本	料理する	よい	見る	小川
wood	stood	goods	cookie	took
木材	stand の過去	商品	クッキー	take の過去

→すべて,oo は,[u](ウ)の音になっているね。

Let's Check 先生が読み上げる単語を聞き,oo が入る語には,＿＿＿＿に oo を入れよう。

① z＿＿＿＿＿　　② t＿＿＿th　　③ p＿＿＿t　　④ f＿＿＿t

　（動物園）　　　　（歯）　　　　（～を置く）　　（足：複数）

⑤ sh＿＿＿es　　⑥ kangar＿＿＿＿　　⑦ ch＿＿＿se　　⑧ s＿＿＿p

　（靴）　　　　（カンガルー）　　　（選ぶ）　　　（スープ）

＊他にも oo が入っている単語を調べてみよう。

（　　　　　　　　　　　　　　　　　　　　　　　　　　）

5 〔綴りと音の関係〕 2文字母音②～ ea/ee [iː] ～

身に付けさせたい「知識＆技能」のポイント

/iː/ という音は，ea や ee で表される。そこで，/iː/ という音の場合，ea になるのか ee になるのか，綴りに敏感になるようにしたい。なお，語末では ey（例：key）も用いられるが，今回は省略する。

指導の流れと評価例（7分）

ねらい	○教師の指導／支援 ●生徒の活動	留意点
2文字母音の音を理解し，単語を正確に綴る際のヒントとする。 （7分）	○綴りと音素の関係を確認する。 ・黒板に teacher と書き，ea に下線を引く。 T：What is this sound? （語中の ea）　　　　　Ss：/iː/ ・黒板に keep と書き，ee に下線を引く。 T：How about this?　　Ss：/iː/ T：どちらも「イー」という発音ですね。 　　今日は，ea と ee の音について，勉強します。 ●ワークシートを行う。 ・ea は /e/ という音もあることを伝える。 ・破線で折らせ，単語を読み上げる。	・ワークシートの Let's Check は，次を読み上げる。 ① tea ② teach ③ free ④ really ⑤ speech ⑥ read ⑦ feed ⑧ peel
〔評価例〕・Let's Check で，ea と ee を正しく選択できるか確認する。 　　　　　・2文字母音（ea/ee）が出てきたときに，音を確認する。		

評価

評価規準	2文字母音（ea/ee）の綴りと音の関連性を理解している。		
評価基準	十分満足できる（a）	概ね満足できる（b）	努力を要する（c）
	ea/ee の音を**十分に**理解し，単語を正確に綴れている。	**概ね**，ea/ee の音を理解し，単語を正確に綴れている。	ea/ee の音を理解できていない。

ワークシート 5

ea と ee は，「イー [iː]」

Class （　　） Number （　　） Name （　　　　　　　　）

ea 次の単語を声に出して読んでみよう。

sea	tea	pea	peach	teach
海	紅茶	豆	桃	教える
read	leave	really	mean	peace
読む	去る	本当に	意味する	平和

→ ea は，[iː]（イー）の音になっているね。

補足 ea には，[e]（エ）と発音する単語もいくつかある。

例）bread（パン），head（頭），breakfast（朝食），healthy（健康的な）等

ee 次の単語を声に出して読んでみよう。

see	tree	free	knee	bee
見る／見える	木	自由・暇な	膝	ハチ
eel	feel	peel	feed	speech
うなぎ	感じる	皮をむく	エサをやる	スピーチ

→ ee は，[iː]（イー）の音になっているね。

Let's Check 先生が読み上げる単語を聞き，＿＿＿に ea か ee を入れよう。

① t＿＿＿＿　　② t＿＿＿ch　　③ fr＿＿＿＿　　④ r＿＿＿lly
　（紅茶）　　　　（教える）　　　（自由な・暇な）　（本当に）

⑤ sp＿＿＿ch　⑥ r＿＿＿d　　⑦ f＿＿＿d　　⑧ p＿＿＿l
　（スピーチ）　　（読む）　　　　（エサをやる）　　（皮をむく）

6 〔綴りと音の関係〕
2文字母音③〜 ay/ai [ei] 〜

身に付けさせたい「知識＆技能」のポイント

　ay と ai は，ともに /ei/ という音になる。前者は語末で用いられ，後者は語中で用いられる。例外は，says や said の発音になる。says の ay や，said の ai は /e/ となることは，必須指導項目となる。

指導の流れと評価例（7分）

ねらい	○教師の指導／支援　●生徒の活動	留意点
2文字母音の音を理解し，単語を正確に綴る際のヒントとする。	○綴りと音素の関係を確認する。 ・ay と ai が使われている単語を引き出す。 T：ay が入っている単語ってどんなのがある？ Ss：May, say, play, pay T：ai が入っている単語ってどんなのがある？ Ss：tail, mail, aim ・「エイ」という発音や，ay は単語の後ろ，ai は語中で使われることに気付かせる。	・ワークシートのLet's Check は，次を読み上げる。 ① st<u>ay</u> ② tr<u>ai</u>n ③ f<u>ai</u>l ④ del<u>ay</u>
（7分）	●ワークシートを行う。 ・says, said の発音についても伝える。 ・破線で折らせ，単語を読み上げる。	⑤ p<u>ay</u> ⑥ w<u>ai</u>t ⑦ t<u>ai</u>l ⑧ M<u>ay</u>

〔評価例〕・Let's Check で，ay と ai を正しく選択できるか確認する。
　　　　　・2文字母音（ay/ai）が出てきたときに，音を確認する。

評価

評価規準	2文字母音（ay/ai）の綴りと音の関連性を理解している。		
評価基準	十分満足できる（a）	概ね満足できる（b）	努力を要する（c）
	ay/ai の音を**十分に**理解し，単語を正確に綴れている。	**概ね**，ay/ai の音を理解し，単語を正確に綴れている。	ay/ai の音を理解できていない。

ワークシート 6

ay と ai は, 「エイ ［ei］」

Class （　　　） Number （　　　） Name （　　　　　　　　　）

ay 　次の単語を声に出して読んでみよう。

May	say	day	play	pay
５月	言う	日	遊ぶ	支払う
stay	today	way	away	delay
滞在する	今日	方法・道	離れて	遅れる

→語末の ay は, ［ei］（エイ）の音になっているね。

注意 　say の３人称単数現在形の says の ay は ［e］ となり, セッズと発音する。

ai 　次の単語を声に出して読んでみよう。

rain	train	Spain	pain	sail
雨	電車	スペイン	痛み	航行する
hail	fail	mail	tail	wait
ひょう	失敗する	郵便	しっぽ	待つ

→語中の ai は, ［ei］（エイ）の音になっているね。

注意 　say の過去形の said の ai は ［e］ となり, セッドゥと発音する。

- ‐

Let's Check 　先生が読み上げる単語を聞き, _____に ay か ai を入れよう。

① st_____　　　② tr_____n　　　③ f_____l　　　④ del_____
　（滞在する）　　　　（電車）　　　　　（失敗する）　　　（遅れる）

⑤ p_____　　　⑥ w_____t　　　⑦ t_____l　　　⑧ M_____
　（支払う）　　　　　（待つ）　　　　　（しっぽ）　　　　（５月）

7 〔綴りと音の関係〕
2文字母音④〜 ou/ow ［au］ 〜

身に付けさせたい「知識＆技能」のポイント

ouとowは，/au/という音である。もちろん例外もある。ouは，young（/ʌ/）や，could（/u/），group（/uː/）があり，owは，show（/ou/）の音がある。しかし例外に気付ければ，基本音が身に付いていることになる。

指導の流れと評価例（7分）

ねらい	○教師の指導／支援　●生徒の活動	留意点
2文字母音の音を理解し，単語を正確に綴る際のヒントとする。	○綴りと音素の関係を確認する。 ・黒板に about と書き，ou に下線を引く。 T：What is this sound?　　Ss：/au/ ・黒板に how と書き，ow に下線を引く。 T：How about this?　　Ss：/au/ T：どちらも「アゥ」という発音ですね。　今日は，ou，ow の音について，勉強します。	・ワークシートのLet's Check は，次を読み上げる。 ① sh[ou]t ② [ou]ch ③ n[ow] ④ br[ow]n
（7分）	●ワークシートを行う。 ・テンポよく単語を発音させる。 ・例外音についても触れる。 ・破線で折らせ，単語を読み上げる。	⑤ t[ow]n ⑥ s[ou]th ⑦ m[ou]se ⑧ [ow]l

〔評価例〕・Let's Check で，ou と ow を正しく選択できるか確認する。
　　　　・2文字母音（ou/ow）が出てきたときに，音を確認する。

評価

評価規準	2文字母音（ou/ow）の綴りと音の関連性を理解している。		
評価基準	十分満足できる（a）	概ね満足できる（b）	努力を要する（c）
	ou/ow の音を**十分に**理解し，単語を正確に綴れている。	**概ね**，ou/ow の音を理解し，単語を正確に綴れている。	ou/ow の音を理解できていない。

ワークシート 7

ou と ow は,「アウ [au]」

Class (　　) Number (　　) Name (　　　　　　　　　)

ou 次の単語を声に出して読んでみよう。

out	ouch	shout	count	sound
外に	痛い	叫ぶ	数える	音
house	mouse	south	mouth	mountain
家	ネズミ	南	口	山

→ ou は,［au］（アウ）の音になっているね。

注意 ou は,「ア［ʌ］」と読むときもあるよ。

例）country, young, enough, tough

ow 次の単語を声に出して読んでみよう。

now	cow	bow	brown	crown
今	牛	おじぎをする	茶色	かんむり
town	down	owl	towel	eyebrow
町	下に	フクロウ	タオル	まゆげ

→ ow も,［au］（アウ）の音になっているね。

注意 ow は,「オウ［ou］」と読むときもあるよ。

例）show, snow, grow, crow

Let's Check 先生が読み上げる単語を聞き, _____ に ou か ow を入れよう。

① sh_____t　　② _____ch　　③ n_____　　④ br_____n
　（叫ぶ）　　　　（痛い）　　　　（今）　　　　（茶色）

⑤ t_____n　　⑥ s_____th　　⑦ m_____se　　⑧ _____l
　（町）　　　　（南）　　　　（ネズミ）　　　（フクロウ）

8 〔綴りと音の関係〕
母音＋子音①〜 ir, ur, er/ear [əːr] 〜

身に付けさせたい「知識＆技能」のポイント

ir, ur, er/ear は，単語の中でもよく登場する。音は /əːr/ である。/əːr/ は，日本語にない音なので，発音指導も大事である。教科書の新出単語が出てきたときに，ir, ur, er/ear の綴りと音を確認したい。

指導の流れと評価例（7分）

ねらい	○教師の指導／支援　●生徒の活動	留意点
母音＋子音の音を理解し，単語を正確に綴る際のヒントとする。	○綴りと音素の関係を確認する。 ・黒板に bird, turn, person と書き，ir, ur, er に下線を引く。 T：What are these sounds?　　Ss：/əːr/ ・発音を確認する。 T：These all sounds are /əːr/.	・ワークシートの Let's Check は，次を読み上げる。 ① girl ② Thursday ③ serve
（7分）	●ワークシートを行う。 ・テンポよく単語を発音させる。 ・破線で折らせ，単語を読み上げる。 ・他にも ir, ur, er/ear が入っている単語があれば，生徒から出させる。	④ bird ⑤ shirt ⑥ learn ⑦ dirty ⑧ early

〔評価例〕・Let's Check で，文字を正しく選択できるか確認する。
　　　　・母音＋子音（ir, ur, er/ear）が出てきたときに，音を確認する。

評価

評価規準	ir, ur, er/ear の綴りと音の関連性を理解している。		
評価基準	十分満足できる（a）	概ね満足できる（b）	努力を要する（c）
	ir, ur, er/ear の音を**十分に理解**し，単語を正確に綴れている。	**概ね**，ir, ur, er/ear の音を理解し，単語を正確に綴れている。	ir, ur, er/ear の音を理解できていない。

ワークシート 8

ir と ur と er/ear は，「アー［əːr］」

Class（　　）Number（　　）Name（　　　　　　　　　　）

ir　次の単語を声に出して読んでみよう。

girl	bird	shirt	dirty	birthday
女の子	鳥	シャツ	汚い	誕生日

→ ir は，［əːr］（アー）の音になっているね。

ur　次の単語を声に出して読んでみよう。

turn	turtle	return	Thursday	hamburger
曲がる	カメ	返却する	木曜日	ハンバーガー

→ ur も，［əːr］（アー）の音になっているね。

er/ear　次の単語を声に出して読んでみよう。

serve	nervous	person	learn	early
食べ物を出す	緊張して	人	学ぶ	早く

→ er や ear も，［əːr］（アー）の音になっているね。

注意　語末の er は伸ばさないね。

例）later, water, tiger, paper, together

- ‐ - ‐ - ‐ - ‐ - ‐ - ‐ - ‐ - ‐ - ‐ - ‐ - ‐ - ‐ - ‐ - ‐ - ‐ -

Let's Check　先生が読み上げる単語を聞き，_____に文字を入れよう。

① g_____l　　② Th_____rsday　　③ s_____ve　　④ b_____d
　（女の子）　　　（木曜日）　　　　（食べ物を出す）　　（鳥）

⑤ sh_____t　　⑥ l_____n　　⑦ d_____ty　　⑧ _____ly
　（シャツ）　　　（学ぶ）　　　　（汚い）　　　　（早く）

9 〔綴りと音の関係〕母音＋子音②〜 au, aw, al [ɔː] 〜

身に付けさせたい「知識＆技能」のポイント

au, aw, al も，数々の単語の中に現れる。音は /ɔː/ である。a が入っているので，アーと言いたくなるが，発音は，「オー」であることをしっかり確認する。au, aw, al の含む単語が出てきたときに，音を確認したい。

指導の流れと評価例（7分）

ねらい	○教師の指導／支援　●生徒の活動	留意点
母音＋子音の音を理解し，単語を正確に綴る際のヒントとする。 （7分）	○綴りと音素の関係を確認する。 ・黒板に Australia, saw, ball と書き，Au, aw, al に下線を引く。 T：What are these sounds?　Ss：/ɔː/ ・発音を確認する。 T：These all sounds are /ɔː/. ●ワークシートを行う。 ・テンポよく単語を発音させる。 ・破線で折らせ，単語を読み上げる。 ・他にも au, aw, al が入っている単語があれば，生徒から出させる。	・ワークシートの Let's Check は，次を読み上げる。 ① August ② law ③ tall ④ draw ⑤ saw ⑥ always ⑦ because ⑧ fall

〔評価例〕・Let's Check で，文字を正しく選択できるか確認する。
　　　　・母音＋子音（au, aw, al）が出てきたときに，音を確認する。

評価

評価規準	au, aw, al の綴りと音の関連性を理解している。		
評価基準	十分満足できる（a）	概ね満足できる（b）	努力を要する（c）
	au, aw, al の音を**十分**に理解し，単語を正確に綴れている。	**概ね**，au, aw, al の音を理解し，単語を正確に綴れている。	au, aw, al の音を理解できていない。

ワークシート 9

au, aw, al は，「オー [ɔː]」

Class (　　) Number (　　) Name (　　　　　　　　　)

au　次の単語を声に出して読んでみよう。

Australia	August	autumn	caught	because
オーストラリア	8月	秋	catch の過去	なぜならば

→ au は，[ɔː]（オー）の音になっているね。

注意　aunt（叔母）の au は [æ] / [ɑː] の音になる。

aw　次の単語を声に出して読んでみよう。

saw	law	lawn	draw	yawn
see の過去	法律	芝生	絵を描く	あくびをする

→ aw も，[ɔː]（オー）の音になっているね。

al　次の単語を声に出して読んでみよう。

ball	fall	tall	small	always
ボール	秋・落ちる	背の高い	小さい	いつも

→ al も，[ɔː]（オー）の音になっているね。

Let's Check　先生が読み上げる単語を聞き，_____に文字を入れよう。

① _____gust　　② l_____　　③ t_____l　　④ dr_____
　（8月）　　　（法律）　　　（背が高い）　　（絵を描く）

⑤ s_____　　⑥ _____ways　　⑦ bec_____se　　⑧ f_____l
　（see の過去）　（いつも）　　（なぜなら）　　（秋・落ちる）

10 〔綴りと音の関係〕 2文字綴り〜 ew [juː], ph/gh [f] 〜

身に付けさせたい「知識&技能」のポイント

　ew は，new, few, nephew, jewel 等で使われる。また，2文字子音の ph や gh も生徒に知らせておきたい。nephew で，ph が使われているので，同時に取り扱うとよいだろう。

指導の流れと評価例（7分）

ねらい	○教師の指導／支援　●生徒の活動	留意点
母音＋子音と2文字子音の音を理解し，単語を正確に綴る際のヒントとする。 （7分）	○綴りと音素の関係を確認する。 ・黒板に new と書き，ew に下線を引く。 T：What is the sound?　　　Ss：/juː/ T：ew は，「ユー」という発音になるね。 ・同様に，elephant, enough の ph, gh に下線を引く。 T：What are these sounds?　　Ss：/f/ ・ph, gh の音を確認する。 ●ワークシートを行う。 ・テンポよく単語を発音させる。 ・破線で折らせ，単語を読み上げる。	・ワークシートの Let's Check は，次を読み上げる。 ① n|ew| ② |ph|oto ③ ne|ph|ew ④ enou|gh| ⑤ al|ph|abet ⑥ tou|gh| ⑦ ele|ph|ant ⑧ |j|ewel
〔評価例〕・Let's Check で，文字を正しく選択できるか確認する。 　　　　　・2文字綴り（ew, ph/gh）が出てきたときに，音を確認する。	

評価

評価規準	ew, ph/gh の綴りと音の関連性を理解している。		
評価基準	十分満足できる（a）	概ね満足できる（b）	努力を要する（c）
	ew, ph/gh の音を**十分に**理解し，単語を正確に綴れている。	**概ね**，ew, ph/gh の音を理解し，単語を正確に綴れている。	ew, ph/gh の音を理解できていない。

ワークシート10

ew は「ユー [juː]」, ph, gh は「フ [f]」

Class (　　) Number (　　) Name (　　　　　　　　)

ew 次の単語を声に出して読んでみよう。

new	few	chew	nephew	jewel
新しい	少しの	噛む	甥（おい）	宝石

→ ew は, [juː]（ユー）の音になっているね。

ph 次の単語を声に出して読んでみよう。

photo	dolphin	elephant	pheasant	pamphlet
写真	イルカ	象	雉（キジ）	パンフレット

→ ph は, [f]（フ）の音になっているね。

gh 次の単語を声に出して読んでみよう。

enough	tough	rough	laugh	cough
十分な	丈夫な・つらい	粗い	笑う	咳をする

→ gh は, [f]（フ）の音になっているね。

- -

Let's Check 先生が読み上げる単語を聞き, _____に文字を入れよう。

① n_____　　② _____oto　　③ ne_____ew　　④ enou_____
（新しい）　　　（写真）　　　　（甥っ子）　　　　（十分な）

⑤ al_____abet　⑥ tou_____　　⑦ ele_____ant　⑧ j_____el
（アルファベット）（丈夫な・つらい）　（象）　　　　（宝石）

Chapter 4

「文法」の
教え方ガイド
＆ワーク

1 | 未来形① will
肯定文・疑問文・否定文

身に付けさせたい「知識&技能」のポイント

　時制は，日本人が苦手とする文法事項の１つである。なぜなら日本語では時制を気にしないからである。「明日東京に行きます」も「毎週東京に行きます」も語尾は同じである。さらに未来表現では，確定している予定は be going to，今思ったときは I'll，意志を示す場合は I will などと活用の仕方が異なる。それらの概念を理解し，活用できる技能へと指導する必要がある。

　初出における未来表現（will）では，次の３点を押さえたい。

① will の後ろは動詞の原形がくる。

②疑問文は，will で始める。答え方も，will を用いる。

③否定文は，will の後ろに not を入れる。短縮形は，won't になる。

指導の流れと評価例（35分）

ねらい	○教師の指導／支援　●生徒の活動	留意点
目標文を聞く。 （2分）	○イラストで導入する。 ・ミルクを飲んでいる赤ちゃんの絵を見せる。 T：What do you see in this picture? S：a baby T：Yes. What is the baby doing? S：Drinking milk. T：Right. The baby is drinking milk. 　What will the baby do next? S：Eat food? T：Nice guess, but the baby won't eat. S：Sleep? T：Yes. The baby will sleep.（絵を見せる） ・使用した絵を黒板に貼る。	・What will the baby do next? と，最後に next をつけることで，「次は何する？」と未来のことを尋ねていることを推測させる。 ・物語やアニメの続きなどを尋ねたり，予測させるような例も提示できるとよい。

目標文の理解を図る。（3分）	○目標文について簡単に解説する。 T：今日は，「未来」の言い方を勉強します。 板書 The baby **is drinking** milk.（今） The baby **will** sleep.　（これから） 　　〜するでしょう 否定文　The baby won't eat. 疑問文　Will the baby sleep? 　　　　Yes, he will.　No, he won't.	・won't は，will not の短縮形であることや，will を前に持ってくると疑問文になることに気付かせるようにする。 ・この段階では板書は写させない。
目標文を使ってみる。（15分）	●今夜の予定を尋ね合う。　ワークシート ・机間指導しながら，未来の言い方が正確に用いられているかどうか確認・支援する。 ●友達の予定を思い出して書く。 ・時間があれば，得た情報を他者に伝えさせる。	・今夜の行動でその他の語彙が必要であれば適宜付け足し，発信語彙を増やす。
文法のまとめをする。（15分）	○文法のまとめを行う。　まとめワークシート ・板書を写させた後，例題を2問行う。 ・確認問題を2題行う。 ① Hiro plays soccer.（tomorrow） ② It is sunny.（this weekend） ・まとめワークシートを配付し，問題1，問題2を行う。	・左記のような確認問題を行い，未来表現の理解度を確かめてから，まとめワークシートを行う。

〔評価例〕・「まとめワークシート」で，目標文の正確な活用を確認する。

評価

評価規準	未来の言い方を理解し，表現する技能を身に付けている。		
評価基準	十分満足できる（a）	概ね満足できる（b）	努力を要する（c）
	未来の言い方を用いて，**十分に**正しく表現している。	未来の言い方を用いて，**概ね**正しく表現している。	未来の言い方を正しく用いられていない。

ワークシート 1

未来の言い方 will：〜するでしょう
～ I will study English tonight. I won't play video games. ～

Class (   ) Number (   ) Name (   )

Step 1 　友達は今夜何をするのかな？　友達と尋ね合ってみましょう。

例）A：Hi, I will eat dinner at 7. <u>What time will you eat dinner</u>?

　　B：<u>I will eat dinner at 6:30.</u> I want to eat fried rice today.

　　　 <u>Will you study tonight?</u>　　　　　　　　↑会話をつなげよう

　　A：No, I won't. I will read books tonight.　←答えたら1文付け足そう

Word Bank 　＊下記以外でも尋ねたいことがあれば O.K.

① eat dinner（夕食を食べる）	⑦ play the piano（ピアノを弾く）
② do my homework（宿題をする）	⑧ practice *judo*（柔道を練習する）
③ study 〜（〜を勉強する）	⑨ play soccer（サッカーをする）
④ watch 〜 on TV（テレビで〜を見る）	⑩ take a bath（お風呂に入る）
⑤ watch YouTube（YouTube を見る）	⑪ go to *juku*（塾に行く）
⑥ read a book（本を読む）	⑫ go to bed（寝る）

Step 2 　Step 1 で友達と話した内容をノートに書きましょう。

例）Hiroshi will go to bed at 12.

文法ポイント

(1)未来のことを言う場合は，主語の後ろに，（　　　　　　　）を入れて表現する。

(2) will の後ろは，動詞の（　　　　　　）になる。

(3)疑問文は，（　　　　　）で始める。答えるときも（　　　　　　）を使う。

(4)否定文は，（　　　　　　）または，will not を動詞の前に置く。

まとめワークシート 1

　　　　Class (　　) Number (　　) Name (　　　　　　　)

未来の言い方（肯定文・疑問文・否定文）

You 　　　play tennis on Sundays. 　あなたは毎週日曜日テニスをします。

You will play tennis next Sunday. 　あなたは今度の日曜日テニスをします。

　　　　　動詞の原形

Will you play tennis next Sunday? 　あなたは今度の日曜日テニスをしますか。

　→ Yes, I will. 　はい，します。

　→ No, I won't. 　いいえ，しません。

　　You won't play tennis next Sunday.

　　(will not) 　　　　あなたは今度の日曜日テニスをしません。

問題 1 　未来の文では will を使い，will の後ろは動詞の原形になります。次
　　　の文を（　　　　）内の語を付け加え，未来の文に変えてみましょう。

① Ken watches TV. (tonight)

_____.

② Mami doesn't come to the party. (this Saturday)

_____.

③ Does Bob join the tennis match? (tomorrow)

_____?

④ It is cold. (the day after tomorrow)

_____.

問題 2 　（　　　　）内の語を用いて，対話を完成させましょう。

① A : Excuse me, this table is dirty.

　B : Sorry, _____ it for you. (clean)

② A : Did you call Ken last night?

　B : Oh, I forgot. _____ him right now. (call)

2 | 未来形② be going to 肯定文・疑問文・否定文

身に付けさせたい「知識＆技能」のポイント

　未来の言い方には，will と be going to，現在分詞を用いた言い方がある。本時で扱う be going to は，予定が確定している場合に使う。生徒には，will と be going to の概念を理解させ，適切に使える技能を身に付けさせたい。

　「知識及び技能」として，確認しておくことは，次の４点である。

　① be going to は，予定が決まっているときに使う。

　②疑問文は，be 動詞を前に持ってくる。答えるときも be 動詞を用いる。

　③否定文は，be 動詞の後ろに not を入れる。

　④「～に行く予定」は，be going to ＋場所（進行形の用法）もある。

指導の流れと評価例（40分）

ねらい	○教師の指導／支援　●生徒の活動	留意点
目標文を聞く。 （5分）	○身近な予定（例：GW 等）について話す。 T：We have long holidays in May. What do you usually do? I go out with my wife. That's because May 3rd is my wife's birthday, and May 5th is our wedding anniversary. This year, we are going to spend time in Tochigi and relax. Maybe, we will eat *gyoza*. Do you have any plans? What are you going to do? Are you going to play sports? S1：I play soccer games. T：You're going to play soccer games.	・予定が決まっていることは be going to を用い，予定は決まっていないが，おそらくすると思うことは will を使いながら，既習事項を比較し，話す。 ・生徒にも尋ね，話題を深める。
目標文の理解を図る。	○目標文について簡単に解説する。 T：前回は，未来の言い方で，will という語を使いました。今日は，be going to という表現を勉	・既習事項と比較し，意味を限定していく。 ・この他にも，I'll

	強します。 板書 We <u>are going to</u> spend time in Tochigi. 栃木で時間を過ごす予定です（確実性が高い） We <u>will</u> eat *gyoza*. 餃子を食べるでしょう（未確定） 注意　私は東京に行く予定です。 I'm going to Tokyo.	〜という「今思ったこと」の言い方がある。 ・「〜に行く予定」と言う場合は，be going to ＋場所で言い表せることも教える。
（5分）		
目標文を使ってみる。 （15分）	● GW（または週末）の予定を尋ね合う。 ワークシート ・be going to または will を用い，予定を尋ね合う。（Step 1） ・友達と尋ね合ってわかったことをノートに書く。（Step 2）	・決まっている予定なのか，未確定なことかを判断させながら言語活動を行わせる。
文法のまとめをする。 （15分）	○文法のまとめを行う。 まとめワークシート ・疑問文，否定文についても整理する。 ・be 動詞が入っている文の疑問文，否定文の作り方を生徒に問いながら，確認する。	・まとめワークシートを行い，活用できる知識や技能を確認する。
〔評価例〕・「まとめワークシート」で，目標文の理解と技能を確認する。		

評価

評価規準	未来の言い方を理解し，表現する技能を身に付けている。		
評価基準	十分満足できる（a）	概ね満足できる（b）	努力を要する（c）
	未来の言い方を用いて，**十分に**正しく表現している。	未来の言い方を用いて，**概ね**正しく表現している。	未来の言い方を正しく用いられていない。

ワークシート 2

未来の言い方 be going to
～ I am going to eat out tonight. ～
Class (　　) Number (　　) Name (　　　　　　　)

Step 1　あなたの GW（または週末）の予定をメモしましょう。

/	/	/	/	/	/	/

Step 2　GW（または週末）の過ごし方を伝え合いましょう。

例) A : **What are you going to do** for the long holidays?

　　B : I have no plan, but I **will** go somewhere. ←未確定

　　A : **I'm going to play soccer** a tournament on May 3rd.

　　B : **Are you going to play** soccer in this school playground?

Word Bank

① go shopping in ~（~に買い物に行く）	⑦ have a *judo* practice（柔道の練習がある）
② play tennis（テニスをする）	⑧ help my family（家族の手伝いをする）
③ have a barbeque（バーベキューをする）	⑨ clean my room（部屋を掃除する）
④ play video games（テレビゲームをする）	⑩ watch a movie（映画を見る）
⑤ go fishing/camping（釣り／キャンプに行く）	⑪ take a trip to ~（~に旅行に行く）
⑥ go ~ by car（車で~に行く）	⑫ stay ~ for two nights（~に2泊する）

→友達と話して，わかったことをノートに書いておこう。

文法ポイント

(1)確実な予定を言う場合は，（　　）（　　　　）（　　）を使う。

(2)「～する予定」や，「～する（　　　　　　）」と訳す。

(3)疑問文は，（　　　　）で始める。答えるときも（　　　　）を使う。

(4)否定文は，be 動詞の後ろに（　　　　）を置く。

まとめワークシート 2

Class (　　　) Number (　　) Name (　　　　　　　　)

---

be going to（肯定文・疑問文・否定文）

I will　　　　have a barbeque.　私はバーベキューをするでしょう。

I am going to have a barbeque.　私はバーベキューをする予定です。

　　　　　　↖be going to の後ろは動詞の原形

Are you going to have a barbeque?

　　　　　　　　あなたはバーベキューをするつもりですか。

→ Yes, I am.　　はい，します。

→ No, I am not.　いいえ，しません。

I am |not| going to have a barbeque.

　　　　　　　　私はバーベキューをする予定はありません。

問題 〔　　　〕内の語や語句を用いて，対話を完成させましょう。

① A : You look happy.

　B : Oh, do I look happy? Yes! Today is my birthday.

　　I _____ tonight. 〔 eat / cake 〕

　　My family _____. 〔 give / some presents 〕

② A : Yumi, are you free this Saturday afternoon?

　B : Yes, but why?

　A : My sister _____ at 2 p.m.

　　　　　　　　〔 have a piano recital 〕

③ A : Is Mike going to stay in your house this summer?

　B : No, he _____ tomorrow.

　　　　　　〔 go back to Canada 〕

④ A : Hiro, can you teach me Japanese this afternoon?

　B : Sorry, I _____. My cousin is coming.

　　　　　　〔 busy 〕

3 | 接続詞① that
I think that he is an honest boy.

身に付けさせたい「知識＆技能」のポイント

　接続詞 that は，文と文とをつなぐ働きをする。注意しなくてはいけないことは，否定のときは，「最初に否定を持ってくる」ということである。日本語では，「今日は，雨は降らないと思います」と表現するが，英語では，I don't think that it will rain today. と，否定（私は思わない）を先に言ってから内容を伝える。「知識及び技能」として，次の3点を押さえる。

① that は，文と文をつなぐ接続詞である。

② that は，省略することができる。

③否定する場合は，最初に言う。　　例）I don't think you're right.

指導の流れと評価例（40分）

ねらい	○教師の指導／支援　●生徒の活動	留意点
目標文を聞く。 （5分）	○目標文を導入する。 ・アニメキャラクターや芸能人，ゆるキャラなどの一部を見せて何かを想像させる。 T：Look at this.（クレヨンしんちゃんのほっぺを見せる）Who's this? Ss：あー，あれあれ／クレヨンしんちゃん T：Oh, you think that he is しんちゃん. How about you? S1：クレヨンしんちゃん T：You too. I think that he is クレヨンしんちゃん too. Let's see.（見せる）	・生徒がわかるかわからないか，そのギリギリのところを扱う。 ・その他，都道府県や国の形を見せて当てさせてもよい。 ・自信があれば，I know that ... で言わせてもよい。
目標文の理解を図る。	○目標文について簡単に解説する。 T：今日の勉強は，I think that ... です。この that は，文と文をつなぐ働きをします。	・黒板に提示する例文は，できるだけ使用した英文を利用す

	T：この that は省略することもできます。	る。
（2分）	板書１ I think that he is くまモン. 　私は思う　　　　彼はくまモンである 　どのように思うかというと I think (that) he is くまモン.	・that は省略できることも伝える。 ・板書はまだ写させない。
目標文を使ってみる。 （18分）	●考えを伝え合う。　　ワークシート ・漢字の読み方を確認し合う。（Step1） ・問題を出し合う。（Step2） ・文法ポイントを確認する。	・Step2では，十分時間を与え，問題を考えさせる。
文法のまとめをする。 （15分）	○文法のまとめを行う。　まとめワークシート T：1つ注意点があるんだけど，「今日は雨は降らない思う」を，日本人は，I think that it will not rain … としてしまうのですが，英語では最初に否定してから言うんでしたね。 板書２ 注意　私は，今日は雨は降らないと思います。 I think that it will not rain today. × I don't think that it will rain today. ○	・英語は，結論を先に述べる言語である。 ・例題として，「明日は学校に行かないと思う」など問題を出し，理解を確認する。

〔評価例〕・「まとめワークシート」で，目標文の理解と技能を確認する。

評価

評価規準	接続詞 that を理解し，表現する技能を身に付けている。		
評価基準	十分満足できる（a）	概ね満足できる（b）	努力を要する（c）
	接続詞 that を用いて，**十分**に正しく表現している。	接続詞 that を用いて，**概ね**正しく表現している。	接続詞 that を正しく用いられていない。

ワークシート 3

接続詞 that
～ I think that he is カツオ. Do you think that he is タラちゃん？ ～

Class （　　） Number （　　） Name （　　　　　　　）

Step 1　漢字博士は誰かな？　友達と読み方を確認し合いながら，読み方を
下に書いていきましょう。

例）A：I know that No.1 is イカ.
　　B：I think so too. / I don't think so. I think it's ....
　　　 Wow, I didn't know that.

海の生き物 Sea creature	①烏賊	②海豚	③河豚	④蛸	⑤鯱
国名 Country	⑥新嘉坡	⑦埃及	⑧西班牙	⑨独逸	⑩新西蘭
野菜 Vegetables	⑪南瓜	⑫糸瓜	⑬西瓜	⑭茄子	⑮牛蒡

Step 2　タブレットを使って，友達に様々な問題を出し合ってみましょう。

例）A：（都道府県のシルエットを見せて）What prefecture is this?
　　B：I think that it is Kagoshima.
　　A：No, it is not. I'll give you a hint. It's in Kanto area.
　　B：I think it's Gunma.
　　A：Correct! Well done. It's your turn.

文法ポイント

(1) that は，文と文をつなぐ接続詞である。文をつなぐことから，that の後ろ
には，（　　　　　）＋（　　　　　）がくる。
(2) 「～でないと思う」は，「～だとは思わない」と表現する。
　例）× I think he is not kind.　　○ I don't think that he is kind.

まとめワークシート③

Class (　　) Number (　　) Name (　　　　　　　)

接続詞（that）

私は，あなたは正しいと思う。　I think that you are right.
　　　　　　　　　　　　　　　SV　　　S　V
　　　　　　　　　　　　　どのように思うかというと

注意　that は省略することもできる。　例）I think (that) you are right.
　　　否定する場合，最初に言う。　　例）I don't know you are right.

問題1　日本語に合うように，＿＿＿＿に単語を入れましょう。

①それはヘビだと思う。I ＿＿＿＿＿＿ ＿＿＿＿＿＿ it's a snake.

②それはヘビではないと思う。

　I ＿＿＿＿＿＿ ＿＿＿＿＿＿ ＿＿＿＿＿＿ it's a snake.

③明日，晴れるといいな。　ヒント　晴れることを**期待する**。

　I ＿＿＿＿＿＿ it will be sunny tomorrow.

④あなたが試合に勝つと信じています。

　I ＿＿＿＿＿＿ ＿＿＿＿＿＿ you will win the match.

問題2　〔　　　〕内の語や語句を用いて，対話を完成させましょう。

① A : Who can play the guitar in this class?

　B : ＿＿＿＿＿＿＿＿＿＿＿＿＿＿＿＿＿＿＿＿＿. 〔 think / Ken 〕

② A : How much are the shoes?

　B : ＿＿＿＿＿＿＿＿＿＿＿＿＿＿＿＿＿. 〔 think / 20 dollars 〕

③ A : ＿＿＿＿＿＿＿＿＿＿＿＿＿＿＿＿＿＿＿＿＿＿＿?

　　　　　　　　〔 know / Libby / from the U.K. 〕

　B : Really? ＿＿＿＿＿＿＿＿＿＿＿＿＿＿＿＿＿＿＿.

　　　　　　〔 thought / she / from Canada 〕

4 不定詞①副詞的用法
I went to Nagoya to shop.

身に付けさせたい「知識＆技能」のポイント

　生徒は小学校で，不定詞の名詞的用法の I want to …. の表現で学習してくる。その後，１年生で文法として名詞的用法を学ぶ。副詞的用法は，本学年での初出となる。基本的に，不定詞を学習する頃から，英文を前から意味をとっていかせるようにする。未来表現を学習した後なので，習熟を期待し，未来表現を重ねて扱う。生徒の予定を尋ねながら，導入を行う。

　「知識及び技能」として，次の２点を押さえる。

　① to の後ろは，動詞の原形になる。

　②「to ＋動詞の原形」で，「〜するために」という意味になる。

指導の流れと評価例（40分）

ねらい	○教師の指導／支援　●生徒の活動	留意点
目標文を聞く。 （7分）	○目標文を導入する。 T：Today is Friday. We have two days off. 　 Where are you going? I'm going to Yamanashi … to take a hot spring. 　 Where are you going? S1：I'm going to the shopping mall. T：Oh, nice. Why are you going there? S1：See a movie. T：So, you're going there to see a movie. That is good.	・例えば「映画を見に行く」というような話の場合，What are you going to see? のように，臨機応変に，話題を掘り下げ，生徒と英語で対話を楽しむ。
目標文の理解を図る。	○目標文について簡単に解説する。 T：今日は，「話題を詳しく話すこと」をしていきます。先生は，I'm going to Yamanashi to take a hot spring. ですが，山梨に何をしに行	・不定詞には，話題をより深めていく働きがある。 ・コミュニケーショ

	く？ Ss：温泉 T：Yes. 今日は，ただ「～する」と言うだけでなく，「何のために」を加えて，より詳しく相手に伝えるようにします。 板書　　　　　　　　　動詞の原形 I'm going to Yamanashi <u>to</u> take a hot spring. 　　　　　　　　～するために (3分)	ンを円滑にするために，情報を詳しく伝える方法として，不定詞を指導していく。 ・板書はまだ写させない。
目標文を使ってみる。 (20分)	●予定を伝え合う。　　　ワークシート ・予定を友達と伝え合う。（Step 1） ・Step 1でわかったことを，ペアに伝える。 　　　　　　　　　　　　　　　（Step 2） ○文法ポイントを確認する。	・得た情報を他者に伝えるレポーティング活動に慣れさせ，日常的活動とする。
文法のまとめをする。 (10分)	○文法のまとめを行う。　まとめワークシート ・板書で，不定詞の副詞的用法を整理する。 ・板書をノートに写させた後，まとめワークシートを配付し，行わせる。 ・意味をとるときには，前から意味をとっていくとよいことを伝える。	・板書をノートに写させる。
〔評価例〕・「まとめワークシート」で，目標文の理解と技能を確認する。		

評価

評価規準	副詞的用法を理解し，表現する技能を身に付けている。		
評価基準	十分満足できる（a）	概ね満足できる（b）	努力を要する（c）
	副詞的用法を用いて，**十分に**正しく表現している。	副詞的用法を用いて，**概ね**正しく表現している。	副詞的用法を正しく用いられていない。

ワークシート 4

不定詞（副詞的用法）：〜するために

〜 I'm going to Yamanashi to take a hot spring. 〜

Class （　　） Number （　　） Name （　　　　　　　）

Step 1　週末には何をする予定かな？　友達と，予定と何をするのかを，伝え合ってみましょう。

例）A：What are you going to do this weekend?

B：I'm going to the aquarium <u>to see</u> a dolphin show.

A：Nice.　I'm going to come to school <u>to play</u> basketball.

名前	どこに行く？	何をする？	その他・情報
あなた			

Step 2　Step 1 でわかったことをペアの友達に伝えましょう。

例）A：I talked with Taku.　He is going to Nagoya to visit his cousins.

They are going to play video games.

B：How old are the cousins?

A：One is 15 years old and the other is 11 years old.

→伝えたことをノートに書いてみよう。

文法ポイント

(1)「〜するために」と言いたいときには，（　　　）＋（　　　　　　）を用いる。

(2)不定詞の to の前で，いったん意味をとるとよい。

例）I went to Tokyo / to see a movie.

私は東京に行った　映画を見るために

まとめワークシート 4

Class (　　) Number (　　) Name (　　　　　　　　)

不定詞（副詞的用法）：～するために

I'm going to stay home <u>to do</u> my homework.

（宿題を）するために

注意 to の後ろは，動詞の原形になっているね。

問題１ _____を日本語に訳しましょう。

① I'm going to the station <u>to see my cousin.</u>
　　　　　　　　　　　　　（　　　　　　　　　　　　）

② I went to the library <u>to find a book.</u>
　　　　　　　　　　　（　　　　　　　　　　　　　）

③ <u>To be a comedian,</u> what do you need to do?
　　（　　　　　　　　　　　）

問題２ 〔　　　〕内の語や語句を用いて，対話を完成させましょう。

① A：What were you doing last night?

　 B：I was surfing the Internet _____　_____.

　　　　　　　　　　　　　　　　〔 get / a concert ticket 〕

② A：You are going to have a tennis tournament next week, right?

　 B：Yes. I will do my best _____.

　　　　　　　　　　　　　　　〔 win / the tournament 〕

問題３ 次の質問に対して，あなたのことで答えるとしたら，_____にどの
　　　　ような語句を入れますか。

① Why do you come to school?

　　　　I come to school _____.

② Why do you learn English?

　　　　I learn English _____.

5 | 不定詞②形容詞的用法
I have a lot of things to do.

身に付けさせたい「知識＆技能」のポイント

不定詞の形容詞的用法は，名詞を詳しく説明する働きをする。例えば，I have no time.（私には時間がない）と言っても，どんな時間がないのかはわからない。そこで，to watch TV が加われば，テレビを見る時間がないということがわかる。相手によりよく伝えるために，情報を加えていく方法として不定詞を教える。「知識及び技能」として，次の２点を押さえる。

① to の後ろは，動詞の原形になる。

②「to ＋動詞の原形」で，「〜するための」「〜すべき」という意味になる。

指導の流れと評価例（40分）

ねらい	○教師の指導／支援　●生徒の活動	留意点
目標文を聞く。 （7分）	○目標文を導入する。 T：Today, we're going to talk about "Time." 　　Do you have free time? For me, I like reading books, going to hot springs, and going for a drive, but I have no time to do them. 　　How about you? Are you busy? Ss：Yes. / No. T：If you have free time, what do you want to do? S1：Sleep. T：Right. You want time to sleep. S2：I want time … to talk with my friend. T：Oh, you have no time to talk with your friends. I want time to read books.	・「時間」をテーマに，生徒はどんな時間が欲しいのか，尋ねてみたい。 ・生徒に尋ねる前には，教師の自己開示が大事で，教師自身のことでもいいし，同僚の先生から情報を得ておき，どんな時間が欲しいかを生徒に伝えてもよい。

目標文の理解を図る。	○目標文について簡単に解説する。 T：今日も、「話題を詳しく話すこと」をしていきます。先生は、なかなかまとまった時間がとれず、やりたいこともできていません。本が好きなので、例えば、I want time to read books. ですし、映画も見たいので、I want time to see movies. いろんな時間が欲しいです。 板書 動詞の原形 I want time to read books. I want time to see movies. ～するための	・教師自身のことを語り、提示することで、自分の考えや気持ちを伝え合うという言語活動を生徒にさせやすくなる。 ・同じ時間でも、どのような時間であるか、詳しく説明する働きに気付かせる。
（3分）		
目標文を使ってみる。	●時間について話し合う。 ワークシート ・どんな時間が欲しいか考えた後、友達と時間について伝え合う。（Step 1） ・わかったことをペアで伝え合う。（Step 2） ○文法ポイントを確認する。	・生徒の様子を褒めたり、適切な助言をしたりする。
（15分）		
文法のまとめをする。	○文法のまとめを行う。 まとめワークシート ・形容詞的用法は、「～するための」と訳した後、自然な日本語になるようにする。 例）宿題をするための時間→宿題をする時間	・板書をノートに写させる。
（15分）		

〔評価例〕・「まとめワークシート」で、目標文の理解と技能を確認する。

評価

評価規準	形容詞的用法を理解し、表現する技能を身に付けている。		
評価基準	十分満足できる（a）	概ね満足できる（b）	努力を要する（c）
	形容詞的用法を用いて、**十分に**正しく表現している。	形容詞的用法を用いて、**概ね**正しく表現している。	形容詞的用法を正しく用いられていない。

ワークシート 5

不定詞（形容詞的用法）：〜するための／〜すべき

~ I have many things to do. ~

Class （　　） Number （　　） Name （　　　　　　　　）

Step 1　友達は忙しいかな？　友達と時間について話してみましょう。

例）A：Are you busy?

B：Not so much, but I want more time to play video games.

I usually make time to play it at night. Are you busy?

A：Yes, very much. I like reading, but I have no time to read books.

I want time to read books.

名前	どんな時間が欲しい？	その他・情報
あなた		

Step 2　Step 1 でわかったことをペアの友達に伝えましょう。

例）A：I talked with Natsumi. She is busy. She needs to practice the
piano, but she has no time to play it. She wants time to play it.

B：I see. I talked with Kazu. He wants time to sleep.

→伝えたことをノートに書いてみよう。

文法ポイント

(1)「〜するための」と言いたいときには，（　　）＋（　　　　　　）を用いる。

(2)不定詞の to の前で，いったん意味をとるとよい。

例）I want time / to see stars / at night.

私は時間が欲しい／星を見るための／夜に

まとめワークシート5

Class（　　　） Number（　　　） Name（　　　　　　　　）

不定詞（形容詞的用法）：〜するための／〜すべき

I have no time <u>to watch</u> TV.　　テレビを見るための時間がない。

I have many things <u>to do</u>.　　私はやるべきことがたくさんある。

I want something <u>to drink</u>.　　私は飲むためのもの（＝飲み物）が欲しい。

Kyoto has many places <u>to visit</u>. 京都にはたくさんの訪れる場所がある。

注意　to の後ろは，動詞の原形になっているね。

問題1　英文をスラッシュ（／）ごとに前から意味をとっていきましょう。

① I want time / to sleep more.

　（　　　　　　　　　　　　　／　　　　　　　　　　　　）

② Do you have anything / to do today?

　（　　　　　　　　　　　　　／　　　　　　　　　　　　）

③ I have no chance / to talk English.

　（　　　　　　　　　　　　　／　　　　　　　　　　　　）

問題2　〔　　　　〕内の語や語句を用いて，対話を完成させましょう。

① A : What are you thinking?

　B : I have a lot of homework ＿＿＿＿＿＿＿＿＿＿＿＿＿＿ today. 〔 do 〕

　　Do you have time ＿＿＿＿＿＿＿＿＿＿＿＿＿？〔 help / me 〕

　A : Sorry, ＿＿＿＿＿＿＿＿＿＿＿＿＿＿＿＿＿＿＿＿＿＿＿＿.

　　　　　　　　　　　　　　〔 lots of things / do 〕

② A : ＿＿＿＿＿＿＿＿＿＿＿＿＿＿＿＿＿＿＿＿＿＿＿＿＿？

　　　　　　　　　　〔 something / drink 〕

　B : Sure. Here it is.

6 | 不定詞③副詞的用法
I am glad to take a good trip to Kyoto.

身に付けさせたい「知識&技能」のポイント

不定詞の副詞的用法には，下記の用法等がある。

①目的（～するために） I am practicing hard to win the *judo* match.

②結果（～した結果…） Mei studied hard, never to pass the exam.

③判断の根拠（～するとは） You are very kind to carry my bag.

④感情の原因や理由（～して） I am glad to see you again.

本時は，④を扱う。「知識及び技能」として，次の2点を押さえる。

① to の後ろは，動詞の原形になる。

②「to＋動詞の原形」で，「～して…だ」という意味になる。

指導の流れと評価例（40分）

ねらい	○教師の指導／支援　●生徒の活動	留意点
目標文を聞く。 （7分）	○目標文を導入する。 T：How are you? Ss：I'm good [happy/sleepy/tired]. T：Last night, my wife was busy, so I cooked dinner for my daughters. This is it.（写真を見せる）They began eating it and said, "This hamburger steak is delicious." I was happy to hear that. 　Now, I am happy to teach you English because you are studying very hard.	・教師が実際に嬉しいことや悲しいこと，ショックなことなどを生徒に語れるよう，話題を見つけるようにする。
目標文の理解を図る。	○目標文について簡単に解説する。 T：今日も，to＋動詞の原形を表現として扱います。I was happy to hear that. って，どんな意味だろう？	・教師の話を振り返る。

	Ss：それを聞いて嬉しかった。 T：そうですね。この to hear that は，happy という気持ちの原因を表しています。今日は，感情の原因や理由を伝える表現を勉強します。 板書 動詞の原形 → I was happy <u>to hear</u> that.　　〜して （3分）	
目標文を使ってみる。 （15分）	●気持ちを話し合う。　　　　　　ワークシート ・様々な気持ちとその理由を，経験の中から振り返らせ，文を作る。①〜⑦まで埋められる所だけ埋める。（Step 1） ・友達と伝え合う。（Step 2） ○文法ポイントを確認する。	・生徒の様子を褒めたり，適切な助言をしたりする。 ・Step 2ではタブレットで共有させてもよい。
文法のまとめをする。（15分）	○文法のまとめを行う。　　　　まとめワークシート ・感情の原因や理由を表す副詞的用法は，「〜して…だ」と訳す。	・板書をノートに写させる。
〔評価例〕・「まとめワークシート」で，目標文の理解と技能を確認する。		

評価

評価規準	感情の原因を表す副詞的用法を理解し，表現する技能を身に付けている。		
評価基準	十分満足できる（a）	概ね満足できる（b）	努力を要する（c）
	感情の原因を表す副詞的用法を用いて，**十分に**正しく表現している。	感情の原因を表す副詞的用法を用いて，**概ね**正しく表現している。	感情の原因を表す副詞的用法を正しく用いられていない。

ワークシート 6

不定詞（副詞的用法）：〜して
〜 I am glad to take a good trip to Kyoto. 〜
Class （　　） Number （　　） Name （　　　　　　　　　）

Step 1 　あなたはどんなときに，次のような気持ちになりますか。または，
　　　　　なりましたか。次の＿＿＿＿に，あなたの立場で書きましょう。

① I (am / was) happy ＿＿＿＿＿＿＿＿＿＿＿＿＿＿＿＿＿＿＿＿＿.

② I (am / was) excited ＿＿＿＿＿＿＿＿＿＿＿＿＿＿＿＿＿＿＿＿.

③ I (am / was) sad ＿＿＿＿＿＿＿＿＿＿＿＿＿＿＿＿＿＿＿＿＿＿.

④ I (am / was) disappointed ＿＿＿＿＿＿＿＿＿＿＿＿＿＿＿＿＿.

⑤ I (am / was) shocked ＿＿＿＿＿＿＿＿＿＿＿＿＿＿＿＿＿＿＿.

⑥ I (am / was) surprised ＿＿＿＿＿＿＿＿＿＿＿＿＿＿＿＿＿＿.

⑦ I (am / was) sorry ＿＿＿＿＿＿＿＿＿＿＿＿＿＿＿＿＿＿＿＿.

Step 2 　Step 1 で書いたことをもとに，友達と伝え合ってみましょう。

例） A：Hi, I am glad to win the *judo* tournament.

　　 B：How nice! When was it?

　　 A：Last Sunday. How about you?

　　 B：Well, my favorite group broke up last year.

　　　　 I was so shocked to know that.

　→友達と話して，わかったことを書いておこう。

　　例） Hiro was so shocked to lose his money in the U.K.

（　　　　　　　　　　　　　　　　　　　　　　　　　　　　　）

文法ポイント

(1) to ＋動詞の原形で，感情や気持ちの（　　　　　　　　）を表す。

(2) 不定詞の to の前で，いったん意味をとるとよい。

　　例） I am glad / to eat parfait.　私は嬉しい／パフェが食べれて

まとめワークシート 6

Class (　　　) Number (　　　) Name (　　　　　　　　　)

不定詞（副詞的用法）：〜して

I am glad / to see you again.

　　　私は嬉しい／またあなたにお会いできて

Are you happy / to come to Japan?

　　　　あなたは嬉しいですか／日本に来られて

I was sad / to lose the match.　私は悲しかった／試合に負けて

I was surprised / to know that you were in Japan.

　　　私は驚いた／あなたが日本にいたと知って

注意　to の後ろは，動詞の原形になっているね。

問題 1　次の英文を，前からスラッシュ（ / ）ごとに訳しましょう。

① I am glad / to see you.

　(　　　　　　　　　　　/　　　　　　　　　　　)

② I'm sorry / to be late.

　(　　　　　　　　　　　/　　　　　　　　　　　)

③ Were you excited / to see to the concert?

　(　　　　　　　　　　　/　　　　　　　　　　　)

問題 2　〔　　　〕内の語や語句を用いて，対話を完成させましょう。

① A : Mike said that he loved your cookies.

　B : Really? I ＿＿＿＿＿＿＿＿＿＿＿＿＿＿＿＿＿＿. 〔 glad / hear 〕

② A : How was the English class?

　B : Good, but ＿＿＿＿＿＿＿＿＿＿＿＿＿＿＿＿＿＿＿.

　　　　　　　　　〔 nervous / a speech 〕

③ A : Congratulations!

　B : Thank you. I ＿＿＿＿＿＿＿＿＿＿＿＿＿＿＿＿＿.

　　　　　　　　〔 surprised / the first place 〕

7 | It is ... for ~ to ....

身に付けさせたい「知識&技能」のポイント

不定詞の名詞的用法には，下記の用法等がある。

①一般動詞の後	I like to climb mountains. (私は山を登ることが好きです)
②be動詞の後	My hobby is to take trips. (私の趣味は旅行をすることです)
③主語	To travel abroad is fun. (海外に旅行に行くことは，楽しい)
④it構文	It is fun to travel abroad. (海外に旅行に行くことは，楽しい)

本時は，④を扱う。「知識及び技能」として，次の3点を押さえる。

① to＋動詞の原形が，意味上の主語になる。

② it は，形式上の主語となる。

③ 「～にとって…だ」は，「It is ... for ~ to ....」の形をとる。

指導の流れと評価例（40分）

ねらい	○教師の指導／支援　●生徒の活動	留意点
目標文を聞く。	○目標文を導入する。 T：When you have time, what do you do? S1：I play video games. T：Is it fun? S1：Yes. T：Nice. It is fun for you to play video games. How about you? S2：I like to make cookies. T：Oh, that is great. Is it easy for you to make cookies? ... Is it easy? S2：Yes. T：How nice! （7分）　It's hard for me to make cookies.	・生徒の好きなことの中から，本時の目標文に絡めていく。 ・生徒のことを尋ねつつ，教師自身のことも自己開示していく。 ・できるだけ多くの形容詞が出せるとよい。 例）important, exciting など

目標文の理解を図る。	○目標文について簡単に解説する。 T:「ビデオゲームをすることは私にとって楽しい」は，英語でこんな風に言います。 　　To play video games is fun for me. 　これでもいいのですが，この波線部分，主語が長いので，it を使って，頭を軽くし，次のように言うことがよくあります。 　　It is fun for me to play video games. 板書　　　　　　　　　主語が長い To play video games is fun for me. It is fun for me to play video games. ＊頭を軽くする＝ It は形式的な主語，訳さない	・既習事項（主語となる名詞的用法）と比較しながら，文構造を説明する。 ・前から意味をとっていくようにさせるとよい。 例）楽しい／私にとって／テレビゲームをすることは
（3分）		
目標文を使ってみる。	●目標文を使って対話する。　[ワークシート] ・英文を読み，考えを，はい（○），まあまあ（△），いいえ（×）の記号で書く。(Step 1) ・友達と尋ね合う。(Step 2) ○文法ポイントを確認する。	・目標文を言うことに慣れさせる。
（15分）		
文法のまとめをする。(15分)	○文法のまとめを行う。　[まとめワークシート] ・to の後ろは動詞の原形になることを確認する。	・問題2の②は to be kind となる。

〔評価例〕・「まとめワークシート」で，目標文の理解と技能を確認する。

評価

評価規準	形式主語の it 構文を理解し，表現する技能を身に付けている。		
評価基準	十分満足できる（a）	概ね満足できる（b）	努力を要する（c）
	形式主語の it 構文を用いて，**十分に正しく**表現している。	形式主語の it 構文を用いて，**概ね**正しく表現している。	形式主語の it 構文を正しく用いられていない。

080

ワークシート 7

形式主語 it を用いた不定詞（名詞的用法）

~ It is important for us to study English. ~

Class (　　) Number (　　) Name (　　　　　　　　)

Step 1　次のことについて，あなたはどう思いますか。

Yes なら〇，So so なら△，No なら×を書きましょう。

質問	あなた	友達	友達
① Is it fun for you to listen to music?			
② Is it easy for you to sing *karaoke*?			
③ Is it difficult for you to get up early?			
④ Is it hard for you to ride a unicycle?			
⑤ Is it important for us to follow the rules?			
⑥ Is it necessary for us to learn English?			
⑦ Is it exciting for you to watch sport?			

Step 2　友達と伝え合い，上の表の友達の欄にメモしましょう。

例）A・Is It fun for you to listen to music?

　　B：No, it isn't.

　　A：What is <u>fun</u> for you?

　　B：Singing songs is fun for me.

　→友達と話して，わかったことを書いておこう。

　　例）It is fun for Yoko to talk with her friends.

(　　　　　　　　　　　　　　　　　　　　　　　)

文法ポイント

(1) It is ... for A to ~ で，「~することは A にとって…だ」という意味になる。

(2)（　　　　　）から意味をとっていくとよい。

　例）It is fun / for me / to cook.　楽しい／私にとって／料理することは

まとめワークシート 7

Class (　　) Number (　　) Name (　　　　　)

形式主語の it（名詞的用法）

To eat breakfast every day is very important for us.

It is very important for us to eat breakfast every day.

とても大事だ／私たちにとって／毎日朝ごはんを食べることは

注意　to の後ろは，動詞の原形になっているね。

問題1 　次の文は主語が長いので，形式主語の it を用いて，頭の部分を軽く
しましょう。

① To talk with people from other countries is fun for me.

_____.

② To keep our words is important.

_____.

③ To watch rugby games was exciting for me.

_____.

問題2 　〔　　　〕内の語を用いて，対話を完成させましょう。

① A : Are you drawing a picture?

　B : Yes. _____. 〔 fun / draw 〕

② A : I want to make friends like you. How can I make friends?

　B : Let me see. I think _____.

〔 it / important / kind 〕

③ A : Why don't we go to see a movie this Sunday?

　B : Sorry, _____.

〔 boring / for / see 〕

8 | 助動詞① must, must not

　助動詞は，動詞を助け，意味を付け加える。生徒は小学校のときから can は慣れ親しんできている。本時は，must と must not を扱う。

　「知識及び技能」として，次の4点を押さえる。

　① must は，動詞を助ける「助動詞」である。

　② must の次は，動詞の原形がくる。

　③否定文は，must not ～で，「～してはいけない」となる。

　④疑問文は，must を前に持ってくる。

ねらい	○教師の指導／支援　●生徒の活動	留意点
目標文を聞く。 （7分）	○目標文を導入する。 T：Hello, this is my today's schedule. I will get home at 7 and take a bath. I'll eat dinner, so I **must cook for dinner.** At dinner, I usually drink beer, but today I will not drink it. The doctor said, "**You must not drink beer every day.**" After dinner, **I must wash the dishes** and I will watch TV. Before going to bed, I'm going to check my e-mails. I always get important mails at night, so **I must check them.**	・今夜の予定の中で，やらなくてはいけないことを生徒に語る。 ・must が使える場面で must や must not のカードを見せる。
目標文の理解を図る。	○目標文について簡単に解説する。 T：先生の予定で，I must cook for dinner. という文があったよね。どういう意味？ Ss：夕食を作らなくてはいけない。 T：そうだね。そして食べ終わったら？	・教師の予定の中で使われた表現を用いて，must と must not の意味を確認し，定着させる。

	Ss：皿を洗わなくてはいけない。 T：あと，医者が，You must not drink beer every day. って，言ってたけど。 Ss：毎日ビールを飲んじゃいけない。 板書 I <u>must</u> cook for dinner. I <u>must</u> wash the dishes. 　～しなければならない You <u>must not</u> drink beer every day. 　　～してはいけない	
目標文を 使ってみ る。 （15分）	●今夜の予定を伝え合う。　　ワークシート ・今夜の予定を書く。（Step 1） ・今夜の予定を尋ね合う。（Step 2） ○文法ポイントを確認する。	・今夜の予定から， やらなくてはいけな いことを導く。
文法のま とめをす る。（15分）	○文法のまとめを行う。　まとめワークシート ・must と must not の意味を押さえる。 ・まとめワークシートで，理解度を図る。	・板書をノートに写 させる。

〔評価例〕・「まとめワークシート」で，目標文の理解と技能を確認する。

評価

評価規準	助動詞 must, must not を理解し，表現する技能を身に付けている。		
評価基準	十分満足できる（a）	概ね満足できる（b）	努力を要する（c）
	助動詞 must, must not を用いて，**十分** **に**正しく表現してい る。	助動詞 must, must not を用いて，**概ね** 正しく表現している。	助動詞 must, must not を正しく用いら れていない。

（3分） は左列の欄に含まれる

ワークシート 8

must：〜しなければならない / must not：〜してはいけない

〜 I will go to bed around 10 because I must get up early. 〜

Class（　　） Number（　　） Name（　　　　　　　　）

Step 1　今夜はどんな予定かな？　あなたの予定を書きましょう。その中で，やらなくてはいけないことには，must の欄に，◎印を書きましょう。

	予定	must
18:00		
19:00		
20:00		
21:00		
22:00		
23:00		
0:00		

Step 2　Step 1 で書いたことをもとに，友達と伝え合ってみましょう。

例）A．Do you have anything to do tonight?

　　B：Yes, I must walk my dog.

　　A：Oh, really?　I must go to *juku* today.　I will study math.

　　B：What time are you going to go home?

　→友達と話して，わかったことを書いておこう。

　　例）Hina must take her dog tonight.

（　　　　　　　　　　　　　　　　　　　　　　　　　　　　）

文法ポイント

(1) must は，（　　　　　　　　　　　），must not は，（　　　　　　　　）という意味である。

(2) must, must not の次は，動詞の（　　　　　　）になる。

まとめワークシート 8

Class (   ) Number (   ) Name (   )

---

must, must not

We <u>must</u> keep our promise.

　　〜しなければいけない

We <u>must not</u> break a promise.（＝ Don't break a promise.）

　　〜してはいけない

注意　must の後ろは，動詞の原形になっているね。

問題 I 　　＿＿＿に must か，must not を入れ，意味の通る対話にしましょう。

① A：I'm going to play games with Ken.

　 B：Good, but you ＿＿＿＿＿＿＿＿＿＿ forget to do your homework.

② A：Wow, look at the long line. We ＿＿＿＿＿＿＿＿＿＿ wait at least

　　　one hour to ride the attraction.

　 B：Why don't we give up it and have lunch now?

③ A：Excuse me, can I have one more worksheet? I lost it.

　 B：Oh, I'll give you one, so you ＿＿＿＿＿＿＿＿ lose it again.

問題 2 　〔　　　〕内の語を用いて，対話を完成させましょう。

① A：Look. It's red. You ＿＿＿＿＿＿＿＿＿＿＿＿＿＿！〔 stop 〕

　 B：Oh, sorry, I didn't see it.

　 A：You ＿＿＿＿＿＿＿＿＿＿＿＿＿＿＿．〔 careful 〕

② A：What rules do you have at school?

　 B：First, we ＿＿＿＿＿＿＿＿＿＿＿＿＿＿＿＿．

　　　　　　　　　　　　　　　　〔 wear / a uniform 〕

9 | 助動詞② have to, not have to

身に付けさせたい「知識&技能」のポイント

助動詞 must と have to は，共に「～しなければならない」という意味であるが，ニュアンスが異なる。前者は，話し手の強い意志を含み，後者は，外的な要因による義務を示す。I must finish this homework. と言えば，自分の強い意志から「終わらせるぞ」という意味合いが感じられる一方，I have to .... では，義務的に終わらせなくてはいけないという感じになる。

「知識及び技能」として，次の３点を押さえる。

① 「have to ～」は，「～しなければいけない」という意味になる。

② must には過去形はないので，「～しなければいけなかった」という場合は，have to の have を過去形にして had to とする。

③ 「not have to ～」は，「～する必要がない」という意味になる。

指導の流れと評価例（40分）

ねらい	○教師の指導／支援　●生徒の活動	留意点
目標文を聞く。表現に慣れる。 （7分）	○目標文を導入する。 ・スキットをスライドに提示し，読み上げる。 <table><tr><td>A：Father, mother, I have to say "Good-bye." B：Why? A：I must go to the moon. C：Don't say that. B：You can stay home. C：You don't have to go. A：Sorry, I must not stay home anymore. B&C：Don't go, don't go, Kaguyahime!!!</td></tr></table>・教師の後に繰り返させたり，３人１組でのグループで役割練習させたりする。	・グループ練習をさせた後，発表時間を設けてもよい。 ・前に出て堂々と発表するという態度を育てるには，ミニスキットを与え，発表する機会をつくるとよい。

目標文の理解を図る。 （3分）	○目標文について簡単に解説する。 T：have to ～は，周りの状況から「～しなくてはいけない」という意味で，前回の must は，自分の意志で「～しなくてはいけない」という意味で使います。ちなみに，don't have to ～で，「～する必要がない」という意味になります。 板書 I <u>have to</u> say "Good-bye." I <u>must</u> go to the moon. You <u>don't have to</u> go. I <u>must not</u> stay home.	・既習事項と比較することで，使い方の違いを理解させる。 ・日本語にない概念を理解させることは大切である。 ・その後は，使用させながら，用法の適切な使用に慣れさせていく。
目標文を使ってみる。 （15分）	●今夜の予定について話す。　ワークシート ・今夜することに✓を入れる。（Step 1） ・今夜のことについて話し合う。（Step 2） ○文法ポイントを確認する。	・やらなくてはいけないことやする必要のないこと等を話させる。
文法のまとめをする。 （15分）	○文法のまとめを行う。　まとめワークシート ・文法をまとめる中で，must に過去形がないことを伝え，have to の have を過去形にすることで，過去を表すことを指導する。	・板書をノートに写させる。

〔評価例〕・「まとめワークシート」で，目標文の理解と技能を確認する。

評価

評価規準	have to, not have to を理解し，表現する技能を身に付けている。		
評価基準	十分満足できる（a）	概ね満足できる（b）	努力を要する（c）
	have to, not have to を用いて，**十分に正**しく表現している。	have to, not have to を用いて，**概ね**正しく表現している。	have to, not have to を正しく用いられていない。

ワークシート 9

have to ～ ： ～しなければいけない / not have to ～ ： ～する必要がない

～ I have to do my homework. ～

Class (　　) Number (　　) Name (　　　　　　)

Step 1　次の中で，あなたが今夜することは（　　　　）に○をつけましょう。
その中で，しなければいけないことには，左側の欄に✓をつけまし
ょう。

	play sport	(	)	study	(	)
	eat dinner	(	)	take a bath	(	)
	brush your teeth	(	)	do my homework	(	)
	wash the dishes	(	)	read a book	(	)
	help your family	(	)	clean the room	(	)
	watch TV	(	)	practice the piano	(	)
	go to *juku*	(	)	walk your dog	(	)
	others :				(	)

Step 2　Step 1 で書いたことをもとに，しなければいけないこと，する必要
がないことを，友達と伝え合ってみましょう。

例）A : What are you going to do tonight?　　B : I'm going to study.

　　A : Do you want to study?　　　　　　　B : No. I have to study.

　　A : I don't have to study at home.　　　B : Why not?

　　A : Because I must study at *juku*.

　→友達と話して，わかったことを書いておこう。

(　　　　　　　　　　　　　　　　　　　　　　　　　　　　　　)

文法ポイント

(1) have to は，(　　　　　　　　　　　　)，

　not have to は，(　　　　　　　　　　　　　　) という意味である。

(2) must には過去形がないので，(　　　　　　　　　　) to を使う。

まとめワークシート 9

Class (　　) Number (　　) Name (　　　　　)

---

have to, not have to

現在 I <u>have to</u> clean my room today.　過去 I <u>had to</u> clean my room.

　　 ～しなければいけない　　　　　　　　 ～しなければならなかった

現在 I <u>don't have to</u> wash the dishes.　過去 I <u>didn't have to</u> clean it.

　　 ～する必要はない　　　　　　　　　　 ～する必要はなかった

注意　to の後ろは，動詞の原形になっているね。

問題 1 　_____の意味を日本語で書きましょう。

① The bus is late. <u>We have to walk to the station.</u>

　(　　　　　　　　　　　　　　　　　　　　　　　　　)

② You have a fever today, so <u>you don't have to attend the meeting.</u>

　(　　　　　　　　　　　　　　　　　　　　　　　　　)

③ I went to the supermarket yesterday. <u>I had to buy some food.</u>

　(　　　　　　　　　　　　　　　　　　　　　　　　　)

問題 2 （　　　　）内の語や語句を用いて，対話を完成させましょう。

① A : It's 7 p.m.

　 B : Really? Oh, I _____. (go home)

② A : How much is this?

　 B : Oh, you _____ it. (pay)

　　 It's on me.

　 A : Really? Thank you very much.

③ A : You _____ tomorrow.

　　　　　　　　(get up early)

　 B : Really? I didn't sleep well last night, so I am glad to hear that.

10 | There is/are

身に付けさせたい「知識＆技能」のポイント

There is/are は，「～がある・いる」という意味で使われる。注意点は，固有名詞では使われないということである。例えば，There is TOKYO SKYTREE in Tokyo. とは言わない。There is a tall tower in Tokyo. It is TOKYO SKYTREE. や，We have TOKYO SKYTREE in Tokyo. などと言う。

「知識及び技能」として，次の４点を押さえる。

①主語が単数であれば，There is，複数であれば，There are を用いる。

②疑問文は，be 動詞を前に持ってくる。答えるときは，There is/are を用いる。

③否定文は，be 動詞の後ろに not を入れる。

④「～がある」と言うとき，固有名詞では用いない。

指導の流れと評価例（40分）

ねらい	○教師の指導／支援　●生徒の活動	留意点
目標文を聞く。 表現に慣れる。 （3分）	○目標文を導入する。 ・今，住んでいる町とかつて住んだ町を比較する。 T：I live in Gifu now, but I lived in Ogano, Saitama. This is my house in Gifu.（地図を見せる）This is our school.（地図を見せる） 　It's about 8 km from my house to school, but it takes about 30 minutes by car. **There are many traffic signals.** In Ogano, it is also about 8 km from my house to school, but it takes only 10 minutes. **There are four traffic signals** between my house and school.	・教師の本当の話を用い，生徒に語る。 ・現在は信号が多く出勤に時間がかかることを伝える。一方，以前住んでいた場所は，信号が４つしかなく，早く着くことを語る。 ・町にあるもの，ないものでもよい。

目標文の理解を図る。	○目標文について簡単に解説する。 T：先生，前に住んでいた町は信号も少なく，スムーズに運転ができたんだけど，今は，信号が多くて。みんなはどう？ 　How many traffic signals are there between your house and school?（Ss：数える） S1：There are three traffic signals. S2：There are two traffic signals. T：1つしかない人？（Ss：手を挙げる） 　1つの場合は，There is と is を使います。 板書 There are many traffic signals. There is a traffic signal.	・生徒は，通学路を思い浮かべ，いくつ信号があるか数える。 ・ここで，生徒の本当の話題で，目標文に出会わせるようにする。 ・必要に応じて，「1つもない」という否定文も教える。
(7分)		
目標文を使ってみる。	●町にあるものを話し合う。　ワークシート ・町にあるものを友達と話し合う。（Step 1） ・他に町にあるものを出し合う。（Step 2） ○文法ポイントを確認する。	・机間指導しながら，生徒と英語で対話し，話題を深める。
(15分)		
文法のまとめをする。(15分)	○文法のまとめを行う。　まとめワークシート ・疑問文，否定文を含めて，生徒に説明する。 ・まとめワークシートで，理解度を図る。	・板書をノートに写させる。

〔評価例〕・「まとめワークシート」で，目標文の理解と技能を確認する。

評価

評価規準	There is/are を理解し，表現する技能を身に付けている。		
評価基準	十分満足できる（a）	概ね満足できる（b）	努力を要する（c）
	There is/are を用いて，**十分に**正しく表現している。	There is/are を用いて，**概ね**正しく表現している。	There is/are を正しく用いられていない。

ワークシート10

There is/are … : …がある／いる
~ There is a cat in the box. There are three cats under the tree. ~

Class (　　) Number (　　) Name (　　　　　　)

Step 1　あなたの町には，次のようなものがありますか。友達と確認し合い，話題を深めましょう。

例) A : Hello. Are there any great restaurants in this town?

B : Yes. I think ABC restaurant is great. The food is delicious.

A : Where is it?

B : It is near my house. I like the hamburger steak.

Questions	Memo
① Are there any great restaurants in this town?	
② Are there any temples or shrines in this town?	
③ Are there any parks in this town?	
④ Are there any hot springs in this town?	
⑤ Is there a shopping mall in this town?	
⑥ Is there a swimming pool in this town?	
⑦ Is there a museum in this town?	

Step 2　Step 1 以外で，あなたの町に住む外国人に紹介したい場所はありますか。There is, There are を用いて，紹介しましょう。

文法ポイント

(1) There is/are は，「～が（　　　），～が（　　　）」という意味である。

(2) 1 つのときは，There is，2 つ以上のときは，There are を使う。

(3) 疑問文は，be 動詞を（　　　）に持っていく。

(4) 否定文は，be 動詞の後ろに（　　　）を置く。

まとめワークシート 10

Class（　　）Number（　　）Name（　　　　　　　）

There is/are：～がある・いる

There is a big park in this town.

疑問文　Is there a big park in this town?

（答え方）Yes, there is. / No, there isn't.

There are many good restaurants in this town.

Are there any good restaurants in this town?

（答え方）Yes, there are. / No, there aren't.

否定文　There is not a big park in this town.

（= There is no big park in this town.）

There are not any good restaurants in this town.

（= There are no good restaurants in this town.）

問題１　日本語に合うように，＿＿＿に単語を入れましょう。

①木の下に１匹猫がいるよ。＿＿＿＿＿＿＿＿＿ a cat under the tree.

②机の上にリンゴが２つある。＿＿＿＿＿＿＿＿ two apples on the desk.

③近くに郵便局がありますか。＿＿＿＿＿＿＿＿ a post office near here?

④本屋はありません。＿＿＿＿＿＿＿＿＿＿＿ bookstores.

問題２　〔　　　〕内の語や語句を用いて，対話を完成させましょう。

① A : I have a stomachache.

　　B : That's too bad. I think ＿＿＿＿＿＿＿＿＿＿＿＿ near here.

〔 there / a good hospital 〕

② A : Let's go to ABC zoo. We can see koalas.

　　B : Really? How many ＿＿＿＿＿＿＿＿＿＿＿? 〔 there 〕

　　A : There are three koalas.

11 | 疑問詞＋ to ＋動詞の原形

身に付けさせたい「知識＆技能」のポイント

「疑問詞＋ to ＋動詞の原形」は，what to ～，where to ～，how to ～，when to ～などで使われる。意味は，「何を～したらよいか」「どこに～したらよいか」「どのように～したらよいか」「いつ～したらよいか」などの意味となる。「疑問詞＋ to ＋動詞の原形」は，文構造上の目的語になる。

「知識及び技能」として，押さえたいことは，次の2点である。

① to の後ろは，動詞の原形になる。

②文における「疑問詞＋ to ＋動詞の原形」の意味を適切にとれる。

指導の流れと評価例（40分）

ねらい	○教師の指導／支援　●生徒の活動	留意点
目標文を聞く。 （5分）	○目標文を導入する。 T：Hello. I am wearing a red tie today. I have many ties in my house. Look. （写真を見せる）Maybe, I have more than 50 ties. This morning, I was thinking what to wear. （what to wear の カードを見せる） 　But I watched a fortune telling on TV by chance. It said that my lucky color was red. So, I am wearing a red tie. I always think what to wear every day. 　By the way, are there any sweets shops? My wife wants to eat delicious parfait, but I don't know where to go. （where to go のカードを見せる） 　Do you have any ideas?	・教師の実際の話から本時の目標文が使われる話題を探すようにする。 ・気付かせたい表現には，視覚に訴え，黒板に貼るなどする。 ・カードで見せた語句は，黒板に貼っておき，目標文への気付きを促す。

目標文の理解を図る。	○目標文について簡単に解説する。	・左記の説明に加え，where to go, how to use, when to go 等も，場面や状況を示し，意味を確認しておく。
	T：今日は，「疑問詞＋to＋動詞の原形」を勉強します。例えば，先生が I always think what to wear. と言いましたが，この what to wear は，「何を着たらよいか」という意味になります。	
（5分）	板書 what to wear　何を着たらよいか where to go　どこに行ったらよいか how to use　どのように使えばよいか when to go　いつ行けばよいか	・必要に応じ，「何を食べたらいいかは？」などと応用させてみる。
目標文を使ってみる。（15分）	●情報を伝え合う。　　　ワークシート ・質問に答える。（Step 1） ・友達とやり取りをする。（Step 2） ○文法ポイントを確認する。	・やり取りした情報を最後に書かせるとより定着につながる。
文法のまとめをする。（15分）	○文法のまとめを行う。　まとめワークシート ・「疑問詞＋to＋動詞の原形」の用法を整理し，理解度を図る。	・板書をノートに写させる。
〔評価例〕・「まとめワークシート」で，目標文の理解と技能を確認する。		

評価

評価規準	「疑問詞＋to＋動詞の原形」の言い方を理解し，表現する技能を身に付けている。		
評価基準	十分満足できる（a）	概ね満足できる（b）	努力を要する（c）
	「疑問詞＋to＋動詞の原形」を用いて，**十分に**正しく表現している。	「疑問詞＋to＋動詞の原形」を用いて，**概ね**正しく表現している。	「疑問詞＋to＋動詞の原形」を正しく用いられていない。

ワークシート⑪

疑問詞＋ to ＋動詞の原形
～ I don't know what to cook today. ～
Class (　　) Number (　　) Name (　　　　　　)

Step 1　次のことについて，あなたはどう思いますか。
　　　　Yes なら○，So so なら△，No なら×を書きましょう。

	質問	あなた	友達	友達
①	Do you often think about what to wear on holidays?			
②	I want to eat delicious *ramen*. Do you know where to go to eat *ramen*?			
③	I want to make *takoyaki*. Do you know how to make *takoyaki*?			
④	Do you know when to put out the burnable garbage?			
⑤	Do you know what to do to improve your English?			

Step 2　Step 1 で書いたことをもとに，友達と伝え合ってみましょう。

例) A : Do you often think about what to wear on holidays?
　　B : Yes. I always think about what to wear.
　→友達と話して，わかったことを書いておこう。
　　例) Emi always thinks about what to wear on holidays.
(　　　　　　　　　　　　　　　　　　　　　　　　　　)

文法ポイント

(1)「何を～したらよいか」は，(　　　　) ＋ (　　　) ＋動詞の原形になる。
(2)「いつ～したらよいか」は，(　　　　) ＋ (　　　) ＋動詞の原形，
　「どこで～したらよいか」は，(　　　　) ＋ (　　　) ＋動詞の原形，
　「どうやって～したらよいか」は，(　　　　) ＋ (　　　) ＋動詞の原形
　になる。

まとめワークシート 11

Class (　　) Number (　　) Name (　　　　　　　　)

疑問詞＋ to ＋動詞の原形

I know **what to eat** tonight.　　　　私は今夜何を食べたらよいかわかる。

I don't know **how to cook** curry.　　　私はカレーの作り方を知らない。

Do you know **where to go**?　　　　　どこに行けばよいか知っていますか。

I want to know **when to visit** Kyoto. 私は京都にいつ行ったらいいか知りたい。

問題 1　日本語に合うように，(　　　　) に適語を入れましょう。

①私はどこで注文*したらよいかわかりません。　　　　　　　　　　＊order

I don't know (　　　　) (　　　　) (　　　　　　　　).

②あなたは切符の買い方は知っていますか。

Do you know (　　　　) (　　　　) (　　　　　) a train ticket?

③私は次に何をしたらよいか知りたい。

I want to know (　　　　) (　　　　) (　　　　　) next.

④私は花にいつ水をあげたらいいか知らない。

I don't know (　　　　) (　　　　) (　　　　　) flowers.

問題 2　〔　　　〕内の語を用いて，対話を完成させましょう。

① A : I'm feeling bad today.

B : Do you know _____? 〔 what / eat 〕

A : Yes, I'm going to eat *udon*.

② A : Can I help you?

B : I don't know _____. 〔 get / station 〕

A : All right. Go straight and turn right at the bookstore ....

③ A : My sister's birthday is coming soon. I want to buy some flowers.

B : Do you know _____ flowers. 〔 buy 〕

A : Yes. I'm going to buy a doll at the mall.

12 | 接続詞② if

身に付けさせたい「知識＆技能」のポイント

　接続詞は，現行の学習指導要領になって新設の文法事項として追加された。if には，「条件節」と「仮定法」による用法があるが，本時は前者である。

　「知識及び技能」として，次の３点を押さえる。

　① if は，文と文をつなぐ接続詞で，「もし」という意味である。

　②時を表す副詞節（if/when 等）では，未来のことでも，現在時制で表す。

　③ if の文が前にある場合は，コンマを置くと読みやすくなる。後半に置く場合は，コンマは不要である。

　なお，②の場合でも，「相手への依頼の場合」や「意志未来」では，will を伴うこともある。

　例１）If you will come and help me, I will finish soon.

　例２）If you will keep studying hard, you will pass the exam.

指導の流れと評価例（40分）

ねらい	○教師の指導／支援　●生徒の活動	留意点
目標文を聞く。 （5分）	○目標文を導入する。 T：I love travelling. I especially like going abroad. 　I went to Australia, Vietnam, Thailand, …（写真を見せる）If I have a chance to go abroad, I want to go to England again. If you go to foreign countries, where do you want to go?	・「どこに行きたい？」は，小学校で十分に慣れ親しんでいる表現である。そこに if をつけて問いかけ，導入とする。
目標文の理解を図る。	○目標文について簡単に解説する。 T：今日は，if の使い方を勉強します。 　If you go to foreign countries, where do you want to go? という文でみんなに質問しました。	・if の意味を簡単に伝えておく。

	if はどんな意味でしょう。 Ss：もし T：そう。「もし，あなたが外国に行くとしたら，どこに行きたい」という意味ですね。 板書 1 If you go to foreign countries, 　　　　　　　　where do you want to go?	
（5分）		
目標文を使ってみる。 （15分）	●友達と尋ね合う。　　　　ワークシート ・質問を読み，自分の答えを作る。（Step 1） ・友達と尋ね合う。（Step 2） ○文法ポイントを確認する。	・教師も積極的に生徒の会話に入りながら，生徒理解を図る機会とする。
文法のまとめをする。 （15分）	○文法のまとめを行う。　　まとめワークシート ・if の文の内容が未来の話でも，現在時制を用いることを，留意点として押さえる。 板書 2 注 明日晴れたら，ハイキングに行きます。 If it is sunny tomorrow, I go hiking. 　　現在時制　　　　　コンマ I go hiking if it is sunny tomorrow. コンマ無し	・板書をノートに写させる。 ・最終的に，教えるべき事項を整理して，生徒に伝える。

〔評価例〕・「まとめワークシート」で，目標文の理解と技能を確認する。

評価

評価規準	接続詞 if を理解し，表現する技能を身に付けている。		
評価基準	十分満足できる（a）	概ね満足できる（b）	努力を要する（c）
	接続詞 if を用いて，**十分**に正しく表現している。	接続詞 if を用いて，**概ね**正しく表現している。	接続詞 if を正しく用いられていない。

100

ワークシート12

接続詞 if：もし

~ If it is sunny tomorrow, I will go and climb a mountain. ~

Class (　) Number (　) Name (　　　　　)

Step 1　次のことについて，あなたの考えを書きましょう。

	質問	あなた	友達
①	If you go to foreign countries, where do you want to go?		
②	If it is rainy this weekend, what will you do?		
③	If you go shopping, where do you go?		
④	What do you do if you have free time?		
⑤	Where do you go if you eat *ramen*?		

Step 2　Step 1で書いたことをもとに，友達と伝え合ってみましょう。

例) A : If you go to foreign countries, where do you want to go?

B : If I go to foreign countries, I want to visit the U.K.

→友達と話して，わかったことを書いておこう。

例) Hiro wants to visit the U.K. if he goes to foreign countries.

(　　　　　　　　　　　　　　　　　　　　　　　　　)

文法ポイント

(1)接続詞 if は，(　　　　　) という意味である。

(2) if の文が最初にくるときは，if の文の後に (　　　) をつけ，後ろにくる

ときは，コンマは不要である。

例) If I have free time， I read a book.

I read a book if I have free time.

(3) if の内容が未来のことでも，(　　　　　) で表す。

例) If I go to Hokkaido, I will eat seafood.

まとめワークシート 12

Class (　　) Number (　　) Name (　　　　　　)

接続詞 if：もし～なら

If I go to Australia, I will eat oysters.

オーストラリアに行ったら，カキを食べます。

I will eat oysters if I go to Australia.

コンマは無い　　　未来のことでも，現在時制を使う。

問題1 日本語に合うように，_____ に英文を入れましょう。

①もし，明日暇なら，私の家に来ませんか。

_____ tomorrow, won't you come to my house?

②もし，明日雨なら，私は家にいるつもりです。

I'll be home _____.

③もし，何か質問があれば，遠慮なく質問してください。

_____, please feel free to ask me.

問題2 (　　　　) 内の語や語句を用いて，対話を完成させましょう。

① A : I have homework to do this evening.

B : _____, you don't have to come. (busy)

A : Thanks. I'll call you _____. (finish)

② A : What a nice picture postcard!

B : _____, you can take it. (like)

③ A : I'm going shopping. _____, I'll buy for you.

(want something)

B : Thank you. I want to eat ice cream.

13 | 接続詞③ because

身に付けさせたい「知識＆技能」のポイント

接続詞 because における留意点は，「because の文を単独では用いない」ということである。生徒の中には，I like watermelon. Because it is juicy. と２文に分けてしまう生徒もいる。なぜなら日本語では「私は西瓜が好きです。なぜならみずみずしいからです。」と２文に分けるからである。しかし，接続詞であるので，１文で書くことを強調して指導する。次の２点を押さえる。

① because は，文と文をつなぐ接続詞で，「なぜなら」という意味となる。

② because は，前に持ってくることができ，「〜なので」と訳せる。その際，because の文の終わりにコンマを置くと読みやすくなる。

指導の流れと評価例（40分）

ねらい	○教師の指導／支援　●生徒の活動	留意点
目標文を聞く。 （5分）	○目標文を導入する。 T：What fruit do you like? 　I like watermelon. I like watermelon because it is juicy and sweet. 　What fruit do you like? S1：I like peaches. T：Oh, I like them too. Why do you like? S1：Because they are juicy and sweet. T：I like peaches, but I cannot eat them because they are expensive.	・様々な「好き」「嫌い」の話題で，その理由を尋ねたり，生徒の様子を尋ね，Why are you sleepy? などと「理由」を扱う表現に持っていくようにする。
目標文の理解を図る。	○目標文について簡単に解説する。 T：この間は，if という接続詞をやりました。今日は，同じ接続詞ですが，「理由」を言う because を勉強します。	・教師の例を用いて，because が理由を表す接続詞であることを説明する。

	私は西瓜が好きなんですが，好きな理由として，みずみずしくて美味しいところがあります。今日は，「理由」をつけ加えたりして，詳しく言うことをします。	
	板書1 I like watermelon [because] it is juicy. 私は西瓜が好き　なぜなら　みずみずしいから	
（5分）		
目標文を使ってみる。 （15分）	●友達と尋ね合う。　　　　　ワークシート ・質問を読み，自分の答えを作る。（Step 1） ・友達と尋ね合う。（Step 2） ○文法ポイントを確認する。	・「考えて話す」ことをさせる。
文法のまとめをする。 （15分）	○文法のまとめを行う。　　まとめワークシート ・because の文を前に持ってきて，「〜なので」という意味になることも伝える。 板書2 I like watermelon [because] it is juicy. 私は西瓜が好き　なぜなら　みずみずしいから [Because] watermelon is juicy, I like it. 西瓜はみずみずしいので，私は西瓜が好きです	・板書をノートに写させる。 ・まとめワークシートの問題1，問題2では，意味を考えさせ，英文を作らせるようにする。

〔評価例〕・「まとめワークシート」で，目標文の理解と技能を確認する。

評価

評価規準	接続詞 because を理解し，表現する技能を身に付けている。		
評価基準	十分満足できる（a）	概ね満足できる（b）	努力を要する（c）
	接続詞 because を用いて，**十分に**正しく表現している。	接続詞 because を用いて，**概ね**正しく表現している。	接続詞 because を正しく用いられていない。

ワークシート13

接続詞 because：なぜなら／〜なので

~ I will be busy today because I have lots of things to do. ~

~ Because it is sunny today, I'll go out. ~

Class（　）Number（　）Name（　　　　　　　）

Step 1　次のことについて，あなたの考えと理由を書きましょう。

	質問	あなたの考え	あなたの理由
①	If you go to eat lunch on Sunday, where do you go and what do you want to eat?		
②	Where do you want to go in the future?		
③	Are you busy tonight?		
④	What subject do you like?		
⑤	What do you want to do this summer?		

Step 2　Step 1 で書いたことをもとに，友達と伝え合ってみましょう。

例）A：Are you busy tonight?

　　B：Yes. I'm busy because I have a *judo* practice.

　→友達と話して，わかったことを書いておこう。

　　例）Tomo is busy because he has a *judo* practice.

（　　　　　　　　　　　　　　　　　　　　　　　　　）

文法ポイント

(1)接続詞 because は，（　　　　　　　）という意味である。

(2) because の文が最初にくるときは，（　　　　　　　）という意味になる。

(3) because の文が最初にくるときは，because の文の後に（　　　　　）をつけると読みやすくなる。後ろにきたときは，コンマは不要である。

　例）Because it was sunny yesterday, I went climbing a mountain.

　　　I went climbing a mountain because it was sunny yesterday.

まとめワークシート⒀
Class (　　　) Number (　　　) Name (　　　　　　　　)

接続詞 because：なぜなら／〜なので
　I like English　　　because　it's fun.
　私は英語が好きです　なぜなら　楽しいからです
　Because English is fun, I like it.
　英語は楽しいので，私は好きです

問題 I　日本語に合うように，＿＿＿に英文を入れましょう。
①私は昨日，早く寝ました。なぜならすごく眠かったからです。
　I went to bed early ＿＿＿＿＿＿＿＿＿＿＿＿＿＿＿＿＿＿＿＿＿＿.
②私は冬が好きではありません。なぜなら，寒いからです。
　I don't like winter ＿＿＿＿＿＿＿＿＿＿＿＿＿＿＿＿＿＿＿＿＿＿.
③やらなくてはいけないことがあるので，今日は忙しいです。
　＿＿＿＿＿＿＿＿＿＿＿＿＿＿＿＿＿＿＿＿＿＿＿, I am busy today.

問題 2　2つの文が同じ意味になるように，文を作りましょう。
① It was very hot last night, so I couldn't sleep well.
　＿＿＿＿＿＿＿＿＿＿＿＿＿＿＿＿＿＿＿＿＿＿＿＿＿＿＿＿＿＿.

② I had a lot of things to do, so I went to bed late last night.
　＿＿＿＿＿＿＿＿＿＿＿＿＿＿＿＿＿＿＿＿＿＿＿＿＿＿＿＿＿＿.

③ I had an English test today, so I studied English hard last week.
　＿＿＿＿＿＿＿＿＿＿＿＿＿＿＿＿＿＿＿＿＿＿＿＿＿＿＿＿＿＿.

④ Mike likes *sushi*, so we went to eat *sushi*.
　＿＿＿＿＿＿＿＿＿＿＿＿＿＿＿＿＿＿＿＿＿＿＿＿＿＿＿＿＿＿.

⑤ Peaches are expensive, so I cannot buy them.
　＿＿＿＿＿＿＿＿＿＿＿＿＿＿＿＿＿＿＿＿＿＿＿＿＿＿＿＿＿＿.

14 | 第5文型 SVOC

身に付けさせたい「知識＆技能」のポイント

　英語には5つの文型しかない。どの英文も，5つの文型のどこかに入る。文型が見えると，文構造が見えてくる。本時は，SVOCの第5文型を扱う。本時は，「AをBと呼ぶ」「AをBと名付ける」という用法を学習する。

　「知識及び技能」として，次の2点を押さえる。

　① call＋A+B（SVOC）のOとCは，イコール（＝）の関係である。

　② call＋A+B（SVOC）のCには，名詞がくる。

指導の流れと評価例（40分）

ねらい	○教師の指導／支援　●生徒の活動	留意点
目標文を聞く。	○目標文を導入する。 T：In the U.S., they watch Doraemon, but the character's names are different. This is Nobita. What do they call him? 　They call him Noby.（絵を見せる） Ss：おー。 T：How about Jaian? S1：Big boy T：Nice guess. They call him Big G. 　How about Jaiko? S2：Little G T：Right!（Ss：驚く）They call her Little G. ・茄子が卵のような形をしていることから，eggplant と呼ぶことや，ヒトデ，タツノオトシゴを用いたり，アメリカの州の愛称を用い，call＋A+B を導入することもできる。	・アメリカで放映されているドラえもんの登場人物名で call＋A+B を導入する。 ＜参考＞ のび太 　→ Noby ジャイアン 　→ Big G スネ夫 　→ Sneech 静香ちゃん 　→ Sue
（5分）		

目標文の理解を図る。	○目標文について簡単に解説する。 T：今日は，「〜を…と呼ぶ」という文を勉強します。 　　When I was a child, my friends called me Hippe. 　　I had a hamster. I named my hamster Ham-chan. 　 板書 　**My friends called me Hippe.** 　**I named my hamster Ham-chan.** T：このように，call ＋ A ＋ B で，「A を B と呼ぶ」や，name ＋ A ＋ B で「A を B と名付ける」という意味になります。	・教師の小さい頃からのニックネームを紹介してもよい。 ・生徒の中には，言われたくないあだ名もあるので，呼び方には気をつけるように指導する。
（5分）		
目標文を使ってみる。 （15分）	●様々な呼び方を調べる。　ワークシート ・映画名が海外では何と呼んでいるのかを調べて書く。（Step 1） ・他の例を探す。（Step 2） ○文法ポイントを確認する。	・Step 2 では，タブレットで調べたことをクラスで共有してもよい。
文法のまとめをする。 （15分）	○文法のまとめを行う。　まとめワークシート ・板書しながら，目的語（O）と補語（C）の関係がイコールであることを伝える。 ・板書をノートに写させる。	・時間があれば，第1文型から順に書き出し，文構造を説明したい。
〔評価例〕・「まとめワークシート」で，目標文の理解と技能を確認する。		

評価

評価規準	call ＋A＋B の文型を理解し，表現する技能を身に付けている。		
評価基準	十分満足できる（a）	概ね満足できる（b）	努力を要する（c）
	call ＋A＋B の文型を用いて，**十分に正しく**表現している。	call ＋A＋B の文型を用いて，**概ね**正しく表現している。	call ＋A＋B の文型を正しく用いられていない。

ワークシート14

第５文型 call ＋ A ＋ B：A を B と呼ぶ
～ What can I call you? Please call me Taku. ～

Class（　　）Number（　　）Name（　　　　　　　）

Step 1　映画は，海外ではどんなタイトルなのかな。調べて，友達と得た情報を共有しましょう。

例）In foreign countries, they call アーロと少年 "The Good Dinosaur."

日本語名	英語名
アナと雪の女王	
ベイマックス	
プリンセスと魔法のキス	
塔の上のラプンツェル	
カールじいさんの空飛ぶ家	
天空の城ラピュタ	
その他（　　　　　　　）	

Step 2　「～を…と呼んでいる」というものを探してノートに書きましょう。

（友　達）　例）We call Takuya Taku.

（ペット）　例）I call my dog Pochi. / I named my dog Like.

（地　名）　例）We call Saitama Prefecture "Sai-no-kuni."

（その他）　例）We call MacDonald "Mac."

文法ポイント

(1) call ＋A＋B で，「A を B と（　　　　　　　　）」という意味になる。

(2) name ＋A＋B で，「A を B と（　　　　　　　　）」という意味になる。

まとめワークシート⒁

Class (　　　) Number (　　　) Name (　　　　　　　　　)

call＋A＋B：A を B と呼ぶ

　My friends call me Taku.　　　私の友達は私をタクと呼ぶ。
　　S　　　V　　O　　C　　　　　　　　　　　　　　　　＜私＝タク＞
　I named my cat Kitty.　　　　私は私のネコをキティと名付けた。
　　S　　V　　　O　　C　　　　　　　　　　　　　＜私のネコ＝キティ＞

問題 1　　日本語に合うように，【　　　　】内の語や語句を並べ替え，英文を書
　　　　　きましょう。なお，【　　　　】の語は，必要に応じて形を変えましょう。

①私は，あなたを Libby と呼ぶ。【 Libby / you / call / I 】
_____.

②私は，犬をチャロと名付けた。【 I / my dog / Charo / name 】
_____.

③この食べ物は何と呼ぶのですか？【 do / what / you / call / this food 】
_____?

④私たちは，それをたこ焼きと呼びます。【 takoyaki / we / it / call 】
_____.

問題 2　　〔　　　〕内の語や語句を用いて，対話を完成させましょう。

① A：I'm Hiroto. Please _____.〔 call / Hiro 〕
　　What _____?〔 call / you 〕
　B：My name is Ellizabeth, but just call me Beth.
② A：I'm from The Big Apple.
　B：The Big Apple?
　A：Yes. We _____.
　　　　　　　　　〔 New York / The Big Apple 〕

15 make ＋人＋形容詞

身に付けさせたい「知識＆技能」のポイント

　前回の call ＋A＋B は、「A を B と呼ぶ」ということで、目的語（O）＝補語（C）の関係であった。本時も同様に、SVOC の第５文型を扱う。make ＋A＋B の形で、「A を B にする」という意味がある。本時における B には、形容詞が入る。「知識及び技能」として、次の２点を押さえる。

　① make ＋A＋B（SVOC）の O と C は、イコール（＝）の関係である。
　② make ＋A＋B（SVOC）の C には、形容詞がくる。

指導の流れと評価例（40分）

ねらい	○教師の指導／支援　●生徒の活動	留意点
目標文を聞く。 （5分）	○目標文を導入する。 T：What did you eat last night? Ss：I ate spaghetti. / Curry and rice …. T：Look.（夕食の写真を見せる）This was my dinner last night. What do you see? Ss：Salad, fish, *tofu* and some meat? T：Yes. I usually eat salad because the doctor says, "You must eat salad at first." Then, I eat salad. Do you like eating salad?（Ss：数名手を挙げる） T：Salad makes me healthy. Also, look at this. It's *tofu*. *Tofu* also makes me healthy. Fish also makes me healthy.	・日常の会話から、本時の目標文の提示へと持っていく。 ・ここでも教師の本当の話題で話を持っていく。
目標文の理解を図る。	○目標文について簡単に解説する。 T：今日は、「～を…にする」という make＋A＋B の文を勉強します。前回は、	・既習事項と関連させて、本時の学習内容を解説していく。

	call +A+B をやりました。主語は何?	・文型を意識させる
	Ss:My friends	ために,SVOC の
	T:Right. How about 動詞? Ss:call	記号を使用する。
	(以下,OC の関係なども確認する)	
	板書 My friends call me Hippe. 　　S　　　V　O = C Salad makes me healthy.	
(5分)	S　　V　　O = C	
目標文を 使ってみ る。 (15分)	●「～させるもの」を考える。　ワークシート ・身近なところから,「～を…にする」というも のを探す。(Step 1) ・自分のことを友達に伝え合う。(Step 2) ○文法ポイントを確認する。	・ペア共有の後,ち がうペアに友達のこ とを伝えるレポーテ ィングをしてもよい。
文法のま とめをす る。 (15分)	○文法のまとめを行う。　まとめワークシート ・板書をノートに写させる。 ・語順の理解ができているか確認する。 ・状況に応じて,表現できるかを確認する。	・机間指導しながら, 「知識及び技能」の 到達度を確認する。

〔評価例〕・「まとめワークシート」で,目標文の理解と技能を確認する。

評価

評価規準	make +A+B の文型を理解し,表現する技能を身に付けている。		
評価基準	十分満足できる(a)	概ね満足できる(b)	努力を要する(c)
	make +A+B の文型 を用いて,**十分に**正 しく表現している。	make +A+B の文型 を用いて,**概ね**正し く表現している。	make +A+B の文型 を正しく用いられて いない。

112

ワークシート 15

第5文型 make ＋ A ＋ B：A を B にする
~ Talking with my friends makes me fun. ~
Class (　　) Number (　　) Name (　　　　　　　　)

Step 1　次の＿＿＿＿に語句を入れ，あなたの気持ちを表しましょう。

① ＿＿＿＿＿＿＿＿＿＿＿＿＿＿＿＿＿＿ make me fun.
② ＿＿＿＿＿＿＿＿＿＿＿＿＿＿＿＿＿＿ make me happy.
③ ＿＿＿＿＿＿＿＿＿＿＿＿＿＿＿＿＿＿ make me tired.
④ ＿＿＿＿＿＿＿＿＿＿＿＿＿＿＿＿＿＿ make me sleepy.
⑤ ＿＿＿＿＿＿＿＿＿＿＿＿＿＿＿＿＿＿ make me bored.
⑥ ＿＿＿＿＿＿＿＿＿＿＿＿＿＿＿＿＿＿ make me scared.
⑦ ＿＿＿＿＿＿＿＿＿＿＿＿＿＿＿＿＿＿ make me excited.
⑧ ＿＿＿＿＿＿＿＿＿＿＿＿＿＿＿＿＿＿ make me nervous.
⑨ ＿＿＿＿＿＿＿＿＿＿＿＿＿＿＿＿＿＿ make me sad.
⑩ ＿＿＿＿＿＿＿＿＿＿＿＿＿＿＿＿＿＿ make me relaxed.

Step 2　Step 1 で書いたことをもとに，友達と伝え合ってみましょう。
例) A：What makes you fun?
　　B：Lunch time makes me fun.
　→友達と話して，わかったことを書いておこう。
　　例) Taking a hot spring makes Hiro relaxed.

文法ポイント
(1) make ＋A＋B で，「A を B に (　　　　　　)」という意味になる。
(2) A と B の関係は，(　　　　　　) である。

まとめワークシート15

Class (　　) Number (　　) Name (　　　　　)

make ＋A＋B：A を B にする

I want to make people happy.　　私は人々を幸せにしたい。
S　　V　　　　O　　　C　　　　　　　　＜人々＝幸せな気持ち＞
The news made me sad.　　　　その知らせは私を悲しくさせた。
　　S　　　V　　O　C　　　　　　　　　＜私＝悲しい気持ち＞

問題1　日本語に合うように，【　　　】内の語句を並べ替え，英文を書きましょう。

①ニュースを聞いて私は嬉しくなった。【 made / the news / happy / me 】

　　　　　　　　　　　　　　　　　　　　　　　　　　　　　.

②本を読むと眠くなる。【 books / sleepy / me / makes / reading 】

　　　　　　　　　　　　　　　　　　　　　　　　　　　　　.

③サッカーの試合を見ると興奮します。

　　　【 soccer games / excited / watching / makes / me 】

　　　　　　　　　　　　　　　　　　　　　　　　　　　　　.

問題2　〔　　　〕内の語を用いて，対話を完成させましょう。

① A：I'm going to a hot spring in Nagano.

　 B：Nice. Taking a hot spring _____.

　　　　　　　　　　　　　　　〔 makes / relaxed 〕

② A：I saw a snake near the library. It was long.

　 B：Really? Snakes _____.

　　　　　　　　　　　　　　　〔 make / scared 〕

③ A：I don't like green tea.

　 B：Why not? Drinking green tea _____.

　　　　　　　　　　　　　　　〔 makes / healthy 〕

16 | want ＋人＋ to

身に付けさせたい「知識＆技能」のポイント

「want ＋人＋ to ～」で，「人に～してほしい」という意味になる。want の部分が tell になると，「人に～するように言う」となり，また，ask になると，「人に～するように頼む」という意味になる。「知識及び技能」としては，次のことができるようにすることをねらいとする。

　①英文の意味がわかる。

　②正しい語順に並べ替えることができる。

指導の流れと評価例（40分）

ねらい	○教師の指導／支援　●生徒の活動	留意点
目標文を聞く。 （5分）	○目標文を導入する。 T：Do you know Mr. Bean? His movie is very funny. Have you seen the movie? Ss：No. ／ Yes. T：I want you to see the movie. It is really funny. He does not talk, but his action is fun. Do you have any movies which I should see? S1：I like Home Alone. It's funny. T：Yes, I love it. How about you, S2? S2：I don't see movies. T：What do you like? S2：I like to sing songs. T：What do you like to sing? S2：I like アイノカタチ. T：Wow. It's a good song. I want you to sing it. S2：….	・私たちはよく「この映画とってもよかったから，ぜひ見て」や，「この歌，いいから，ぜひ聞いて」などと，人に勧めることがある。そのような自然な状況で導入する。

目標文の理解を図る。（5分）	○目標文について簡単に解説する。 T：今日は，「〜を…してほしい」という文を勉強します。I want to see the movie. なら，どういう意味だろう？　Ss：私は映画を見たい。 T：そうですね。ここに，you が入ったらどうなるかな？ Ss：私はあなたにその映画を見てもらいたい。 T：そうです。want と to の間に，人が入ると，「その人に〜してもらいたい」となります。 板書　you I want ∧ to see the movie. 私は，あなたにその映画を見てほしい	・want と to の間に「人」が入ると，その人にやってもらいたいという意味になることを説明する。 ・必要に応じて，生徒に繰り返させたり，「この歌を聞いてほしい」や，「この本を読んでもらいたい」など応用してみる。
目標文を使ってみる。（15分）	●人におすすめする。　ワークシート ・人に勧めるものを考える。（Step 1） ・友達に勧める。（Step 2） ○文法ポイントを確認する。	・おすすめを考えさせる中で，生徒に話しかけ，話題を深めておく。
文法のまとめをする。（15分）	○文法のまとめを行う。　まとめワークシート ・want 以外にも，tell や ask もここで提示し，形式や意味を理解させる。	・板書をノートに写させる。
〔評価例〕・「まとめワークシート」で，目標文の理解と技能を確認する。		

評価

評価規準	want/tell/ask ＋ 人 ＋ to 〜を理解し，表現する技能を身に付けている。		
評価基準	十分満足できる（a）	概ね満足できる（b）	努力を要する（c）
	want/tell/ask ＋ 人 ＋ to 〜を用いて，**十分に**正しく表現している。	want/tell/ask ＋ 人 ＋ to 〜を用いて，**概ね**正しく表現している。	want/tell/ask ＋ 人 ＋ to 〜を正しく用いられていない。

ワークシート16

want ＋ 人 ＋ to ～：人に～してほしい
～ I want you to watch this movie. ～
Class (　　) Number (　　) Name (　　　　　　　　　)

Step 1　あなたのおすすめは何？　みんなにしてもらいたいことを書きましょう。

テレビ番組・映画　例) I want you to watch Aladdin. It's a moving story.

歌　例) I want you to listen to AKB 48's songs. Their songs are nice.

レストラン　例) I want you to go to Gifu Tanmen. It's delicious.

その他　例) I want you to go to Kamikochi. It's a beautiful place.

Step 2　Step 1で書いたことをもとに，友達と伝え合ってみましょう。

例) A：What do you want me to do?

　　B：I want you to watch Terminal. We can learn how to communicate
　　　with people.

文法ポイント

(1) want ＋ 人 ＋ to ～ で，「人に～してほしい」という意味になる。

(2) tell ＋ 人 ＋ to ～ で，「人に～するように（　　　　　）」という意味になる。

(3) ask ＋ 人 ＋ to ～ で，「人に～するように（　　　　　）」という意味になる。

まとめワークシート16

Class (　　) Number (　　) Name (　　　　　　　)

---

want + 人 + to ～ : ～に…してほしい

　I want to sing a song.　私は歌を歌いたい。

　I want you to sing a song.　私はあなたに歌を歌ってもらいたい。

　　＊ I asked Bob to teach me English.

　　　私はボブに英語を教えてもらえるよう頼んだ。

　　＊ I told Misaki to come to the party.

　　　私はみさきにパーティに来るように言った。

問題1　日本語に合うように，【　　　】内の語や語句を並べ替え，英文を書きましょう。

①あなたは私にこの箱を運んでもらいたいですか。

　Do you _____?

　　　　　　　【 to / want / carry / this box / me 】

②ケンタに昇降口で待っていてもらうように言って。

　Please _____ at the entrance.

　　　　　　　【 wait / tell / Kenta / to 】

③田中先生に窓を閉めるように頼まれました。

　Ms. Tanaka _____.

　　　　　　　【 the window / to / close / me / asked 】

問題2　（　　　）内に適切な語を入れて，対話を完成させましょう。

① A : I'm sorry, I don't understand how to answer this question.

　B : Yumi is good at math. You can （　　　） her （　　　） teach you.

② A : This comic book is interesting. I （　　　） you （　　　） read it.

　B : I read it last year. Miki （　　　） me （　　　） read it.

17 | 比較①比較級・最上級

身に付けさせたい「知識＆技能」のポイント

　比較級・最上級は，場面を具体的に示せたり，状況により意味を推測させることができたり，入り口（インプット）としては生徒に理解されやすい文法と言える。しかし，学習の出口（アウトプット）の際には，文法的な定着が保たれず，誤りを犯す可能性がある。

　「知識及び技能」として，次の４点を押さえる。

①２つを比較するときは，比較級（-er than）を用いる。

②３つ以上を比較して「一番〜だ」と言うときは，最上級(-est)を用いる。

③比較級（-er）と最上級（-est）の作り方

④最上級における in と of の使い方

指導の流れと評価例（40分）

ねらい	○教師の指導／支援　●生徒の活動	留意点
目標文を聞く。 （5分）	○目標文を導入する。 ・のび太とカツオの絵をスライドで提示する。 T：This is のび太, and this is カツオ. 　　Who is younger? Raise your hand. Nobita is younger?（Ss：手を挙げる） 　　Katsuo is younger?（Ss：手を挙げる） T：Nobita is in the 4th grade. 　　Katsuo is in the 5th grade. 　　So Nobita is younger than Katsuo. ・ハローキティを追加する。 T：This is Kitty. Who is the oldest of the three?（Ss：推測する）The answer is … Kitty is the oldest. She was born in 1974, so she is 49 years old now.	・どちらが若いか手を挙げさせるときは，Talk in pairs. と言って，近くの人と相談タイムを持たせてもよい。 ・その他，「みさえとサザエさん」や芸能人等を登場させながら，年齢，背の高さなどで比較する。

目標文の理解を図る。	○目標文について簡単に解説する。 T：Today's lesson is 比較級・最上級． 　　最初，のび太とカツオを比較しました。2人を比較した場合，young に何がついている？（Ss：er）そうですね。次に，3人以上で比較し，「一番〜だ」と言うときには，old に何がついている？（Ss：est）そうですね。今日は，2人や3人以上で比較した場合の表現について，勉強しましょう。 板書 Nobita is young<u>er</u> <u>than</u> Katsuo. 　のび太は，若い／カツオよりも Kitty is <u>the</u> old<u>est</u> <u>of</u> the three.	・2つを比較していう場合は，-er than を用い，3つ以上を比較して，「一番〜だ」と言うときは，the -est … in/of を用いることを伝える。
（5分）	キティは一番年齢が高い／3人の中で	
目標文を使ってみる。（15分）	●クイズを出し合う。　ワークシート ・クイズを作る。（Step 1） ・クイズを出し合う。（Step 2） ○文法ポイントを確認する。	・クイズを出し合いながら，反応したり，対話を意識させる。
文法のまとめをする。（15分）	○文法のまとめを行う。　まとめワークシート ・板書で「er や est のつけ方」を教える。 ・in と of の使い方を確認する。	・板書をノートに写させる。

〔評価例〕・「まとめワークシート」で，目標文の理解と技能を確認する。

評価

評価規準	比較級，最上級を理解し，表現する技能を身に付けている。		
評価基準	十分満足できる（a）	概ね満足できる（b）	努力を要する（c）
	比較級，最上級を用いて，**十分に**正しく表現している。	比較級，最上級を用いて，**概ね**正しく表現している。	比較級，最上級を正しく用いられていない。

ワークシート 17

比較級：〜よりも…だ／最上級：一番〜だ

~Sachi is younger than Miki. Taku is the tallest boy in this class. ~

Class (　　) Number (　　) Name (　　　　　　　)

Step 1　2つを比較したり，3つ以上を比較してクイズを作りましょう。

地理の問題　例）What is the second largest country in the world?

歴史の問題　例）Who lived longer, Ieyasu or Nobunaga?

学校の友達や先生　例）Who runs the fastest teacher in this school?

動物・生き物　例）What is the biggest animal in the world?

Step 2　友達とクイズを出し合ってみましょう。

例）A：What is the second largest country in the world?

　　B：I think it is Canada.

文法ポイント

(1) -er than 〜 で，「〜 (　　　) も - だ」という意味になる。

(2) the -est in/of 〜で，「〜の中で (　　　) - だ」という意味になる。

(3) (　　) は，後ろに場所やグループ，(　　) は，後ろに数字や all がくる。

　例）Hiro is the tallest in my family.

　　　Emi is the kindest of all the girls. Ken runs the fastest of the three.

まとめワークシート17

Class (　　　) Number (　　　) Name (　　　　　　　　)

比較級・最上級 (-er than/-est in[of])

Taku is tall<u>er</u> <u>than</u> Yuji.

Ken is <u>the</u> tall<u>est</u> boy [in] this class.

Mayumi runs <u>the</u> fast<u>est</u> [of] all the students.

er, est のつけ方

①そのままつける。

　例）small　→　smaller, smallest

②eで終わっている単語は、rまたはstをつけるだけ。

　例）large　→　larger, largest　　nice　→　nicer, nicest

③yで終わっている単語は、yをiに変えてつける。

　例）easy　→　easier, easiest　　happy　→　happier, happiest

④最後の文字の1つ前が母音のとき最後の文字を重ねる。

　例）hot　→　hotter, hottest　　big　→　bigger, biggest

問題1　次の語の比較級，最上級を書きましょう。

① tall ＿＿＿＿＿＿ ＿＿＿＿＿＿　② cheap ＿＿＿＿＿＿ ＿＿＿＿＿＿

③ cute ＿＿＿＿＿＿ ＿＿＿＿＿＿　④ busy ＿＿＿＿＿＿ ＿＿＿＿＿＿

⑤ early ＿＿＿＿＿＿ ＿＿＿＿＿＿　⑥ late ＿＿＿＿＿＿ ＿＿＿＿＿＿

問題2　(　　　　) 内に適切な語を入れて，対話を完成させましょう。

① A : Who is the (　　　　　　　) girl in this class?

　B : I think Miki is. She is always kind to everyone.

　C : Really? I guess Yumi is (　　　　　　　) than Miki.

② A : Wow, this classroom is so clean.

　B : No! My classroom is (　　　　　　　) than this class.

　C : No! My classroom is the (　　　　　　　) of all.

18 | 比較②長い単語の比較級・最上級

身に付けさせたい「知識＆技能」のポイント

　本時扱う比較級・最上級は，３音節以上の単語や，２音節でも -ous（famous）や，-ful（useful），-ly（easily）等で終わる単語に，more, most をつける。なお，短い単語（fun）でも，more, most をつけることもある。

　「知識及び技能」として，次の３点を押さえる。

　①長い単語（およそ７文字以上と教える）の場合，more, most をつける。

　②６文字の英単語でも，more, most をつける単語がある（例：famous, useful 等）。なお，fun は短い単語であるが，more, most をつける。

　③最上級における in と of の使い方

指導の流れと評価例（40分）

ねらい	○教師の指導／支援　●生徒の活動	留意点
目標文を聞く。 （7分）	○目標文を導入する。 ・早口言葉で口慣らしをする。 T：This dog is Spot.　Spot is running into the street. It is dangerous. What do you say? Ss：Stop. T：Yes. Spot, stop!（板書する）Can you say this? Say this 5 times as fast as you can. Ss：（口々に言う） ・続いて，A proper copper coffee pot. の早口言葉をする。その後，Which is more difficult, "Spot, stop!" or "A proper copper coffee pot."? と尋ねる。 ・その後，もう１つ付け足し，What is the most difficult of the three. と尋ねる。	・有名な早口言葉に，Peter Piper があるので，３つ目は，長めの早口言葉で遊びながら，最上級を導入する。 ・本時に入る前に，帯活動で早口言葉を少しずつ扱っておき，本時に入るとよい。

目標文の理解を図る。（5分）	○目標文について簡単に解説する。 T：今日は，同じ比較する言い方でも，単語が長い場合，difficulter … などとすると，どんどん単語が長くなってしまい，言いにくいので，difficult はそのままで，more をつけて，more difficult が比較級となる勉強をします。 板書 A is <u>more</u> difficult <u>than</u> B. 　Aが難しい／Bよりも A is <u>the most</u> difficult of the three. 　Aが一番難しい／3つの中で	・同じように，最上級も説明する。 ・最上級の場合のinやofも繰り返し使い方を確認する。 ・導入の早口言葉には，便宜上，AやB，Cなどと記号をつけておくとよい。
目標文を使ってみる。（13分）	●友達と話し合う。　ワークシート ・興味があることなどを尋ね合う。（Step 1） ・わかったことを書く。（Step 2） ○文法ポイントを確認する。	・Small Talk に慣れていると本時の活動なども容易にできる。
文法のまとめをする。（15分）	○文法のまとめを行う。　まとめワークシート ・長い単語のときの比較級，最上級について説明する。	・板書をノートに写させる。
〔評価例〕・「まとめワークシート」で，目標文の理解と技能を確認する。		

評価

評価規準	長い単語の比較級，最上級を理解し，表現する技能を身に付けている。	
評価基準	十分満足できる（a）	概ね満足できる（b）	努力を要する（c）
	長い単語の比較級，最上級を用いて，**十分に**正しく表現している。	長い単語の比較級，最上級を用いて，**概ね**正しく表現している。	長い単語の比較級，最上級を正しく用いられていない。

ワークシート 18

長い単語の比較級・最上級
~This movie is more fun than that. This is the most fun movie to me. ~

Class （   ） Number （   ） Name （   ）

Step 1 友達はどんなことに興味があったり，楽しいと思ったりするのかな。
友達と自由に話し合ってみましょう。

例）A : Which is **more** interesting to you, English or math?

B : English is **more** interesting than math.

A : What is **the most** interesting subject to you?

B : Science is **the most** interesting subject to me.

参考

1	interesting	English	math	Japanese	science
2	fun	singing songs		listening to music	
		reading books		playing sport	
		watching TV		watching YouTube	
		going out		staying home	
3	popular	soccer	buseball	volleyball	basketball
4	difficult	speaking English		answering math quiz	
5	useful	computer		smartphone	
6	important	money	time	family	friend

Step 2 友達のことでわかったことを書きましょう。

[   ]

文法ポイント

(1)長い単語の比較級は，形容詞や副詞の前に（   ）をつける。

(2)長い単語の最上級は，形容詞や副詞の前に（   ）をつける。

(3)（   ）は，後ろに場所やグループ，（   ）は，後ろに数字や all がくる。

まとめワークシート18

Class (   ) Number (   ) Name (   )

比較級・最上級（more ... than/ the most ... in[of]）

Watermelon is **more** delicious **than** apples.

Doraemon is **the most** famous animation in the world.

English is **the most** useful subject of all the subjects.

ポイント　長い単語の形容詞や副詞では，more, most をつける。

例）expensive（値段が高い）　　more expensive　most expensive

注意　長くなくても，fun は，more fun, most fun となる。

問題１　次の語の反意語を書きましょう。

① cheaper _____　② cheapest _____

③ safer　_____　④ safest　_____

⑤ easier _____　⑥ easiest _____

問題２ _____ に適切な語を入れて，対話を完成させましょう。

① A : English is very fun to me. Do you like English?

　B : Yes, but math is _____ _____ _____ to me.

② A : Wow, your car is so cool. I think it's very expensive.

　B : Yes, but Sato's car is _____ _____ than mine.

③ A : How much is this bag?

　B : It's 5,000 yen. It is a popular bag.

　A : What is _____ _____ _____ bag among girls?

　B : I think this bag is popular. It has pockets, and it's handy.

19 | 比較③同格

身に付けさせたい「知識＆技能」のポイント

「as … as 〜」は、「…と同じくらい〜だ」という意味で、おおよそ同じくらいというときに使う。as と as の間は、原級がくるということで、er や est はつけないことを確認する。また、「not as … as 〜」が、「〜ほど…でない」という意味になることも、教えておく。

「知識及び技能」として、次の３点を押さえる。

①「as … as 〜」で、「〜と同じくらい…だ」という意味になる。

② as と as の間には、原級がくる。

③「not as … as 〜」で、「〜ほど…でない」という意味になる。

指導の流れと評価例（40分）

ねらい	○教師の指導／支援　●生徒の活動	留意点
目標文を聞く。 （7分）	○目標文を導入する。 T：We have many sports, and we use balls. 　　What is the biggest ball? Ss：Basketball? Rugby? Soccer. T：Look at this.（写真を見せる）　（Ss：驚く） T：This sport is Kin-ball. Do you know how to play it? The ball is 122 cm big. It is the biggest ball of all the sports. T：This is a volleyball, and this is a dodgeball. 　　Which is bigger? Ss：dodgeball / volleyball T：A dodgeball is 21 cm, and a volleyball is 21 cm. A dodgeball is as big as a volleyball. ・その他、ゴルフボールと卓球を比べる。	・身近なスポーツのボールを比較していく。 ・興味付けを行うため、122cm のボールを使うキンボールというスポーツを紹介し、ビデオを見せる。 ＜参考＞ 卓球ボール （40mm） ゴルフボール （42.67mm）

目標文の理解を図る。(3分)	○目標文について簡単に解説する。 T：今日は，2つを比較して，ぴったり同じではないけれど，だいたい同じくらいという表現を勉強します。それから，not がつくとどんな意味になるでしょうか。例えば，A baseball is NOT as big as a softball. 板書 A golf ball is <u>as</u> big <u>as</u> a table tennis ball. 　ゴルフボールは大きい 　　　　／卓球のボールと同じくらい A baseball is <u>not as</u> big <u>as</u> a softball. 　野球はソフトボールほど大きくはない。	・not がついたときに，どんな意味になるのかを生徒に考えさせる。
目標文を使ってみる。(13分)	●同じくらいを伝え合う。　ワークシート ・同じくらいのものを探す。（Step 1） ・友達に伝える。（Step 2） ○文法ポイントを確認する。	・ここでは，タブレットで共有させてもよい。
文法のまとめをする。(15分)	○文法のまとめを行う。　まとめワークシート ・as … as と not as … as の意味の違いを確認する。	・板書をノートに写させる。

〔評価例〕・「まとめワークシート」で，目標文の理解と技能を確認する。

評価

評価規準	同格の表現を理解し，表現する技能を身に付けている。		
評価基準	十分満足できる（a）	概ね満足できる（b）	努力を要する（c）
	同格の表現を用いて，**十分**に正しく表現している。	同格の表現を用いて，**概ね**正しく表現している。	同格の表現を正しく用いられていない。

ワークシート⑲

同格の as ... as 〜 : 〜と同じくらい…だ

〜 This movie is as interesting as that one. 〜

Class (　　) Number (　　) Name (　　　　　　　)

Step 1　身近なことで，同じくらいのもの（人）を探しましょう。

例）Doraemon is as tall as Kitaro.

Step 2　調べてわかったことを，友達とシェアしましょう。

例）A : Hi. Mr. Sato is 39 years old. My father is 39 too.

　　　So, My father is as old as Mr. Sato.

　B : Oh, your father is young.

　→友達から聞いたことを書いておこう。

文法ポイント

(1)「〜と同じくらい…だ」は，（　　　　）... (　　　　）〜になる。

(2) not as ... as 〜は，「〜（　　　）... (　　　　　　）」という意味である。

まとめワークシート19

Class (　　) Number (　　) Name (　　　　　　)

同格 as ... as ～：～と同じくらい…だ

Ms. Sato runs <u>as</u> fast <u>as</u> Mr. Ohtani.

佐藤先生は，大谷さんと同じくらい速く走る。

ポイント 「not as ... as ～」で，「～ほど…ではない」という意味になる。

This car is <u>not</u> <u>as</u> expensive <u>as</u> that one.

この車は，あの車ほど高くはない。

問題1 日本語に合うように，＿＿＿に適語を入れましょう。

①この本は，あの本と同じくらい面白い。

This book is ＿＿＿ interesting ＿＿＿ that one.

②あなたは私の母と同じくらい料理が上手です。

You cook ＿＿＿ ＿＿＿ ＿＿＿ my mother.

③私はあなたほど怠け者*ではないです。　　　　　　　　＊lazy

I am ＿＿＿ ＿＿＿ ＿＿＿ ＿＿＿ you.

問題2 Aの文と同じ意味になるように，Bの＿＿＿に適語を入れましょう。

① A) Ken is 170 cm tall, and Hiro is 170 cm tall too.

B) Ken is ＿＿＿ ＿＿＿ ＿＿＿ Hiro.

② A) My mother and my father were born in the same year.

B) My mother is ＿＿＿ ＿＿＿ ＿＿＿ my father.

③ A) Soccer is more popular than volleyball.

B) Volleyball is ＿＿＿ ＿＿＿ ＿＿＿ ＿＿＿ soccer.

20 受け身 肯定文・疑問文・否定文

身に付けさせたい「知識＆技能」のポイント

受け身も，2年生では，英語を難しくしている文法であると言える。受け身の形式は，「be 動詞＋過去分詞」であり，意味は，「～される」ということを理解させる。「知識及び技能」として，次の5点を押さえる。

①「be 動詞＋過去分詞」で，「～される」という意味になる。

②「～によって」と言うときには，by を用いる。

③過去の文にするには，be 動詞を過去形にする。

④疑問文は，be 動詞を前に持っていき，答えるときも be 動詞を使う。

⑤否定文は，be 動詞の後ろに not を置く。

指導の流れと評価例（40分）

ねらい	○教師の指導／支援　●生徒の活動	留意点
目標文を聞く。 （3分）	○目標文を導入する。 ・call ＋A＋B（p.112）のネタを用い，導入する。 T：Do you remember what to call "Nobita" in the U.S.?　　　　　Ss：Noby. T：Right. You remember it. Yes! 　Nobita is called "Noby" in the U.S. T：How about Jaian?　　Ss：Big G. T：Right. Jaian is called "Big G" in the U.S.	・文法導入は，できるだけ自然な形で，生徒との対話で行いたい。 ・以前学習したことを繰り返し登場させることで，学習につながりを持たせる。
目標文の理解を図る。	○目標文について簡単に解説する。 T：今までは，どちらかというと「誰々が～する」という文ばかりやっていきましたが，今日は，その逆の立場で「誰々が～される」という受け身の文を勉強します。 T：今，色々紹介していきましたが，のび太は	・どこかで，「能動態」「受動態」という用語も教えておきたい。 ・過去分詞に気付かせる。

	アメリカではノビーと呼ばれているんですね。 ここの is called, calledって，何形だろう？ Ss：過去形 T：ed がついているから過去形に見えるよね。 　でも，ここは，過去分詞になります。 ・教科書の不規則動詞変化表を見せ，過去分詞 を確認する。 板書 Nobita is called "Noby" in the U.S. 　　be 動詞＋過去分詞（～される） I am called "Taki-chan" by teachers. （2分）　　～によって	・次の時間から，不 規則動詞を少しずつ 教師の後に繰り返さ せ，発音を確認させ る。これを帯活動で 数時間行う。 ・形と意味を押さえ る。また，「～によ って」という by に ついても触れる。
目標文を 使ってみ る。 （20分）	●ヒントクイズをする。　　　　　ワークシート ・ヒントクイズを作る。（Step 1） ・友達と出し合う。（Step 2） ○文法ポイントを確認する。	・タブレットで調べ させるなど，作成時 間を十分とらせる。
文法のま とめをす る。（15分）	○文法のまとめを行う。　　　まとめワークシート ・過去の文のときは，be 動詞を過去形にするこ とや，疑問文，否定文について教える。	・板書をノートに写 させる。

〔評価例〕・「まとめワークシート」で，目標文の理解と技能を確認する。

評価

評価規準	受け身の文を理解し，表現する技能を身に付けている。		
評価基準	十分満足できる（a）	概ね満足できる（b）	努力を要する（c）
	受け身の文を用いて， **十分に**正しく表現し ている。	受け身の文を用いて， **概ね**正しく表現して いる。	受け身の文を正しく 用いられていない。

ワークシート20

受け身の文：〜される
〜 Many languages are spoken in India. 〜
Class (　　) Number (　　) Name (　　　　　　　)

Step 1　受け身の表現を入れ，ヒントクイズを作りましょう。

例) This is a country. It is a hot country. Cows **are seen** in cities.

More than 30 languages **are spoken** in this country.

Curry is **eaten by** people.

_____

_____

_____

_____

_____

_____

Step 2　友達とヒントクイズを出し合ってみましょう。

例) A : It's my turn. This is a song. It **was made** in 1966. It is **sung by** us.

We sing it at school events.

B : Oh, it's our school song.

A : That's right. Your turn.

→友達から聞いたことを書いておこう。

(　　　　　　　　　　　　　　　　　　　　　　　　　　　)

文法ポイント
(1) be 動詞＋ (　　　　　　　　) で，「〜 (　　　　　　) 」という意味になる。
(2)「〜によって」は，(　　　　　　) を使う。
(3)過去の文にするには，be 動詞を過去形にする。

まとめワークシート20

Class (　　) Number (　　) Name (　　　　　　)

受け身の文（be 動詞＋過去分詞）：〜される

　Nobita is called "Noby" in the U.S.

　　　　呼ばれている

This book was written by Natsume Soseki.

　　　　書かれた　　　　〜によって

疑問文　Is this car made in Germany?　この車はドイツ製ですか。

　　　　Yes, it is.

　　　　No, It isn't.

否定文　This picture was not painted by Picasso.

問題1　次の動詞の過去分詞を書きましょう。

① see – saw – (　　　　　)　　② write – wrote – (　　　　　)

③ make – made – (　　　　　)　　④ build – built – (　　　　　)

⑤ teach – taught – (　　　　　)　⑥ speak – spoke – (　　　　　)

⑦ know – knew – (　　　　　)　　⑧ give – gave – (　　　　　)

問題2　〔　　　〕内の語や語句を用いて，対話を完成させましょう。

　　　　なお，〔　　　〕内の語は，必要に応じて形を変えましょう。

① A : I went to Kyoto last week, but there were so many people.

　B : Yes. Kyoto ＿＿＿＿＿＿＿＿＿ many people every day. 〔 visit 〕

② A : Wow, nice pictures.

　B : Yes, they ＿＿＿＿＿＿＿＿＿＿＿＿ Ken. 〔 draw 〕

③ A : Where ＿＿＿＿＿＿＿＿＿＿＿＿＿＿＿＿＿?

　　　　　　　　〔 this picture / take 〕

　B : In Australia. It's beautiful, isn't it?

ワークシートの解答 1 ～ 5

p.56 1 文法ポイント

(1) will (2) 原形 (3) will / will
(4) won't

p.57 1 まとめワークシート

問題1 ① Ken will watch TV tonight
② Mami won't [will not] come to the party this Saturday ③ Will Bob join the tennis match tomorrow ④ It will be cold the day after tomorrow

問題2 ① I'll [I will] clean
② I'll [I will] call

p.60 2 文法ポイント

(1) be / going / to (2) つもり
(3) be 動詞 / be 動詞 (4) not

p.61 2 まとめワークシート

問題 ① am going to eat cake / will give me some presents ② is going to have a piano recital ③ is going (to go) back to Canada ④ am going to be (very) busy

p.64 3 文法ポイント

(1) 主語／動詞

p.65 3 まとめワークシート

問題1 ① think that ② don't think that [do not think] ③ hope ④ believe that

問題2 ① I think (that) Ken can play it ② I think (that) they are 20

dollars ③ Do you know (that) Libby is from the U.K. / I thought (that) she was from Canada

p.68 4 文法ポイント

(1) to / 動詞の原形

p.69 4 まとめワークシート

問題1 ①（私の）いとこに会いに ②本を探すために ③お笑い芸人になるために

問題2 ① to get a concert ticket
② to win the tournament

問題3 ① 例) to eat lunch / to see my friends / to study / to play soccer
② 例) to communicate with people all over the world / to pass the entrance examination / to watch movies without subtitles / because I have it as a subject

p.72 5 文法ポイント

(1) to / 動詞の原形

p.73 5 まとめワークシート

問題1 ①私は時間が欲しい／もっと寝るための ②あなたは何かありますか／今日するための ③私には機会がない／英語を話すための

問題2 ① to do / to help me / I have lots of things to do ② Can I have [Can you give me] something to drink

ワークシートの解答 6 ～ 11

p.76 6 文法ポイント (1)原因・理由

p.77 6 まとめワークシート

問題 1 ①私は嬉しい／あなたに会えて ②私は申し訳なく思う（ごめんなさい）／遅れて ③あなたはワクワクしましたか／コンサートが見られて

問題 2 ① am glad to hear that ② I was nervous to give [make] a speech ③ am surprised to win the first place

p.80 7 文法ポイント (2)前

p.81 7 まとめワークシート

問題 1 ① It is fun for me to talk with people from other countries ② It is important to keep our words ③ It was exciting for me to watch rugby games

問題 2 ① It is fun for me to draw pictures ②(that) it is important for us to be kind (to friends) ③ it is boring for me to see movies

p.84 8 文法ポイント (1)～しなければならない／～してはいけない (2)原形

p.85 8 まとめワークシート

問題 1 ① must not ② must ③ must not

問題 2 ① must stop / must be careful ② must wear a uniform

p.88 9 文法ポイント (1)～しなければいけない／～する必要がない (2) had

p.89 9 まとめワークシート

問題 1 ①私たちは駅まで歩かなくてはいけない。②あなたは会議に出席する必要はないです。③私は食べ物を買わなければいけなかった。

問題 2 ① have to go home ② don't have to pay for ③ don't have to get up early

p.92 10 文法ポイント (1)ある／いる (3)前 (4) not

p.93 10 まとめワークシート

問題 1 ① There is ② There are ③ Is there ④ There are not any

問題 2 ①(that) there is a good hospital ② koalas are there

p.96 11 文法ポイント (1) what to (2) when to / where to / how to

p.97 11 まとめワークシート

問題 1 ① where to order ② how to buy ③ what to do ④ when to water

問題 2 ① what to eat ② how to get to the station ③ where to buy

ワークシートの解答 12 ～ 15

p.100 12 文法ポイント
(1)もし (2)コンマ（カンマ）
(3)現在時制
p.101 12 まとめワークシート
問題 1 ① If you are free
② if it is rainy tomorrow
③ If you have any questions
問題 2 ① If you are busy / if I finish
(doing) it ② If you like it
③ If you want something
p.104 13 文法ポイント
(1)なぜなら (2)～なので
(3)コンマ（カンマ）
p.105 13 まとめワークシート
問題 1 ① because I was too[very]
sleepy ② because it is cold
③ Because I have things to do
問題 2 ① I couldn't sleep well
because it was very hot last night
[Because it was very hot last night, I
couldn't sleep well] ② I went to bed
late last night because I had a lot of
things to do [Because I had a lot of
things to do, I went to bed late last
night] ③ I studied English hard last
week because I had an English test
today [Because I had an English test
today, I studied English hard last

week] ④ We went to eat *sushi*
because Mike likes *sushi* [Because
Mike likes *sushi*, we went to eat *sushi*]
⑤ I cannot buy peaches because they
are expensive [Because peaches are
expensive, I cannot buy them]
p.108 14 文法ポイント
(1)呼ぶ (2)名付ける
p.109 14 まとめワークシート
問題 1 ① I call you Libby
② I named my dog Charo
③ What do you call this food
④ We call it *takoyaki*
問題 2 ① call me Hiro /can I call
you ② call New York The Big Apple
p.112 15 文法ポイント
(1)する (2)イコール
p.113 15 まとめワークシート
問題 1 ① The news made me happy
② Reading books makes me sleepy
③ Watching soccer games makes me
excited
問題 2 ① makes me [you/us]
relaxed
② make me scared
③ makes you healthy

ワークシートの解答 16 ～ 20

p.116 16 文法ポイント

(2)言う (3)頼む

p.117 16 まとめワークシート

問題1 ① want me to carry this box

② tell Kenta to wait

③ asked me to close the window

問題2 ① ask ／ to

② want ／ to，told ／ to

p.120 17 文法ポイント

(1)より (2)一番 (3) in ／ of

p.121 17 まとめワークシート

問題1 ① taller ／ tallest

② cheaper ／ cheapest

③ cuter ／ cutest

④ busier ／ busiest

⑤ earlier ／ earliest

⑥ later ／ latest

問題2 ① kindest ／ kinder

② cleaner ／ cleanest

p.124 18 文法ポイント

(1) more (2) most (3) in ／ of

p.125 18 まとめワークシート

問題1 ① more expensive

② most expensive

③ more dangerous

④ most dangerous

⑤ more difficult

⑥ most difficult

問題2 ① the most fun

② more expensive

③ the most popular

p.128 19 文法ポイント

(1) as ／ as (2)ほど／でない

p.129 19 まとめワークシート

問題1 ① as ／ as

② as well as

③ not as lazy as

問題2 ① as tall as

② as old as

③ not as popular as

p.132 20 文法ポイント

(1)過去分詞／される (2) by

p.133 20 まとめワークシート

問題1 ① seen ② written ③ made

④ built ⑤ taught ⑥ spoken ⑦ known

⑧ given

問題2 ① is visited

② were drawn by

③ was this picture taken

「単語の活用形」
ワーク

付録ワークシート 1

不規則動詞の過去形・過去分詞が書けるかな？

Class （　　） Number （　　） Name （　　　　　　）

	原形	意味	過去形	過去分詞
①	go	行く		
②	see	見る		
③	have	持っている		
④	eat	食べる		
⑤	get	得る		
⑥	come	来る		
⑦	say	言う		
⑧	give	与える		
⑨	ride	乗る		
⑩	buy	買う		
⑪	read	読む		
⑫	speak	話す		
⑬	write	書く		
⑭	hear	聞く		
⑮	do	する		
⑯	is/am	（〜だ）		
⑰	are	（〜だ）		
⑱	sing	歌う		
⑲	think	考える		
⑳	build	建てる		
㉑	draw	描く		
㉒	take	取る		

㉓	swim	泳ぐ		
㉔	know	知っている		
㉕	wear	身に着ける		
㉖	hold	開催する		
㉗	throw	投げる		
㉘	win	勝つ		
㉙	lose	負ける		
㉚	sleep	眠る		
㉛	tell	伝える		
㉜	drink	飲む		
㉝	make	作る		
㉞	catch	捕まえる		
㉟	find	見つける		
㊱	teach	教える		
㊲	stand	立つ		
㊳	cut	切る		
㊴	bring	持ってくる		
㊵	grow	成長する		
㊶	fly	飛ぶ		
㊷	show	見せる		
㊸	sit	座る		
㊹	forget	忘れる		
㊺	spend	過ごす		
㊻	leave	出発する		
㊼	sell	売る		
㊽	break	壊す		

付録ワークシート 2

比較級・最上級が書けるかな？

Class (　　　) Number (　　　) Name (　　　　　　　　　)

	原級	意味	比較級	最上級
①	small	小さい		
②	tall	背が高い		
③	large	大きい		
④	big	大きい		
⑤	old	古い		
⑥	new	新しい		
⑦	long	長い		
⑧	short	短い		
⑨	warm	暖かい		
⑩	easy	簡単な		
⑪	busy	忙しい		
⑫	hot	暑い		
⑬	cold	寒い		
⑭	cool	涼しい		
⑮	cheap	安い		
⑯	expensive	高い		
⑰	difficult	難しい		
⑱	beautiful	美しい		
⑲	popular	人気のある		
⑳	useful	役に立つ		
㉑	fun	面白い		
㉒	important	大切な		